信念再思叢書

為這星期五感謝神

於現今世代再思十架七言

韋利蒙 著
李金好 譯

基道出版社

▼

信念再思叢書

為這星期五感謝神

於現今世代再思十架七言

Thank God It's Friday

Encountering the Seven Last Words from the Cross

作者

韋利蒙 William H. Willimon

譯者

李金好

責任編輯

羅慧琪

裝幀設計

奇文雲海・設計顧問

■

出版／發行

基道出版社

香港沙田火炭坳背灣街26號富騰工業中心1011室

LOGOS PUBLISHERS

Unit 1011, Fo Tan Ind. Centre, 26 Au Pui Wan St., Shatin, Hong Kong

電話：(852) 2687-0331　傳真：(852) 2687-0281

網址：http://www.logos.com.hk

承印

海洋印務有限公司

●

2/2010 初版

Cat. No. LP636

ISBN: 978-962-457-392-3

Originally published in English under the title: *Thank God It's Friday*

Printed in Hong Kong

刷次	10	9	8	7	6	5	4	3	2	1
年份	2019	2018	2017	2016	2015	2014	2013	2012	2011	2010

目錄

前言（或預先的警告）

數星期之前，上千個教牧和基督徒教師熱切期待著從他們的首席講員聽到充滿希望的振奮人心之言。然而，韋利蒙（William Willimon）教授給他們的，卻是一劑強力的現實處方——最終來說，那當然給他們帶來更大的希望。我身為大會的講員之一，也滿懷感恩地聆聽著。

韋利蒙教授是北阿拉巴馬州衞理公會聯合大會（North Alabama United Methodist Conference）的監督，也是杜克大學（Duke University）附屬禮拜堂的前主任牧師，又是該校神學系的教牧學教授。他善於幫助我們更認真地察看人生的現實。更重要的是，他善於把有關神的真理指教我們，好讓我們能夠以一種帶給我們希望的現實主義來面對人生的種種掙扎。

在這本書裏，他沒有叫我們失望。他嚴肅而迫切地審視耶穌十架七言的重要性，從中向我們揭示，三一神的心是何等的深廣。

一路上有許多驚喜。也許我們太熟悉十架七言了，以致它們不再為我們帶來震撼。我們需要像韋利蒙教授的人來提醒我們，耶穌喊出十架七言時叫人驚訝之處。假如我們不是那麼麻木的話，總可以聽見慰藉和懇求的聲音。

韋利蒙教授承認自己有困惑和錯誤，這有助我們正視自己的誤解，並了解這些誤解對我們對神的認知所造成的損害。當他向教會提出艱深的教訓時，他是以風趣和坦誠提出的，藉此邀請我們進入彼此共有的羞愧和憂愁、悔改和復興。他向我們展示，我們的錯誤觀念是那麼的可笑，我們對神的約化，是那麼的具諷刺意味——就在他向我們展示，基督為我們所受的苦是那麼的可怕，使我們驚異之時；也就在他向我們展示，耶穌不但以強烈的忠誠來與天父和聖靈維繫關係，也以強烈的忠誠來與我們這些罪人建立關係，使我們變得有生氣之時。

小心！韋利蒙教授不肯讓我們把神變得平庸——不論是藉著我們的生活或是藉著我們的崇拜。如果我們誠懇地聆聽這十架七言，我們必會被耶穌這個被神倒空的人肉身的質樸，被充滿權能的、慈愛天父的極大謙虛，被聖靈持續不斷的攪動之風所震動，使我們只得讓神作神。我們必不會把三一神簡化為快樂的短歌或不斷誦唸的教義。我們必會發現，這位三一神愛我們是愛得那麼艱苦和痛苦，到最後超過了我們最天馬行空的想像；我們必定希望以謙卑恭謹之情、深深的熱情和堅定不移的決心來回應，來真誠地尊崇這位真神。

有好幾個宗派的教會，他們所採用的每日經課是按照一個次序的，就是每七個星期把整卷詩篇禱告一遍。按著這個規律，星期五的詩篇總是聚焦在悔改和悔憾上，其中也包括了詩篇二十二篇。我在過去幾年養成了這個習慣，使我能（特別在星期五）更深入地思想那個我們經常為之感謝神的、重大的受苦節（Good Friday）。

同樣，韋利蒙教授寫的這本書也會使我們重新並更深刻地察看，耶穌為我們所作成的事是何等巨大。這本書無論幾時看都會讓讀者受益，不過它特別要求我們放慢些，以新的感激之情來細想受難週的重要性，以新的渴想來追隨耶穌的道路，即樂於為世界的緣故而受苦。

唐慕華（Marva J. Dawn）

The Sense of the Call: A Sabbath Way of Life for Those Who Serve God, the Church and the World 的作者

第一言

"Father, forgive them;
for they know not what they do."

主耶穌，我們深深吸一口氣，預備用三個小時來凝視祢流血的身軀。這故事——至少，由梅爾·吉布森（Mel Gibson）説出的故事——看來是那麼的暴力和令人嘔心。我們來到教會，不是要感受極大的不愉快，而是要慶賀我們的健全。教會是傳遞振奮人心的思想，和給人屬靈激勵的地方。

甚麼樣的神才會促使我們回到教會來，在星期五也回到教會來，凝視一幕流血的景象？很可能是那種愛美國人——居於有史以來最暴力的文化之一——的病態的神。好了，我們承認：我們是在血中出生的，儘管歷史書沒有為此大做文章。我們這羣人民，正是站在一堆由遭殺害的美國同胞、以私刑處死的奴隸和多得無法逐一提名的敵人的屍體所組成的高山上，擦淨我們的手，搖旗喊道「自由萬歲」的一羣人。説起來真可怕。

美國職業欖球聯盟、布魯斯·威利斯（Bruce Willis）的上一部戲、在這年謀殺本城市民的紐約人、我們樂意使之成為更多外交政策的犧牲品的孩子，我們在嘲弄誰？我們還嫌不夠血腥。在流血贖罪是必須的這一點上，也許你説服法國人遇到困難，但身為阿拉巴馬州人的我們則相信血的力量。不用血寫成的故事，就無法講説有關我們的真理。

所以，我們一開始就在這裏提醒你：那敢於愛我們的神最好肯讓祂的手變得骯髒。那藉著祂的獨生子拯救我們的天父最好肯犧牲祂的兒子。我們預先提醒你：我們説不出敵人和拯救者的分別。

來吧，主耶穌。來，用一個禮拜的時間，和我們的政府對質，混在普羅大眾中間，在禮拜天坐在驢背上巡行，在星期四與我們一起盡情歡樂，跟我們的法律制度混作一團，看祢到星期五會得著甚麼。來看看當我們蔑視祢的愛、嘲笑祢的統治，並以血腥來領受祢沾滿鮮血的榮耀之時，我們會向祢所做的一切。

來吧，主耶穌，讓我們看看祢會怎樣待我們。阿們。

第一言

「父啊！赦免他們；因為他們所做的，他們不曉得。」
路加福音二十三章 32 至 38 節

父啊，求袮赦免。耶穌説的第一言，不是對我們，而是對神説的。三年之久，祂對我們説話、講道、教導我們、勉勵我們、指導我們。此刻，我們把祂掛在十字架上讓祂受死；耶穌轉離我們，對祂的父説話。

「父啊，求袮赦免。」

我們一度是耶穌講話的對象，現在，我們成了旁觀者，聽見在三一神心靈深處的對話。現在，到了最後，一度擁戴耶穌的羣眾已經散去；沒有一個剩下來聆聽耶穌的話，除了父神之外。祂所説的話，只有神才敢對神説的，因為只有神能赦罪。我們無權代替耶穌向神作這樣的禱告。聖子對父神説的是甚麼？祂本可以為其他事情禱告，但祂沒有；祂禱告説：「父啊，求袮赦免；他們所做的，他們不曉得。」

我花了大部分的人生，去理解自己在幹甚麼。那豈不就是人們在兒童發展的課堂上，給「個人成長」所下的定義嗎？「個人成長就是增進自我意識的過程」？我們開始時只有直率的本能、機械化的反應、由荷爾蒙調節的回應，但是逐漸地，經歷青春期的改變和大學的教育，我們逐漸得知自己身在何處，以及我們在幹甚麼。我們學會追求快樂，逃避痛苦。我們學會規避某些沒有結果、不正常的行為，而從事一些較有果效、有益的行為。現在既然擁有一種「自我意識」的敏鋭感，我們也就在世界帶著反省性和豐富知識活動；這世界也就是「我們的」世界，是藉著我們的知識建立起來的。

對，就是這樣。

我在神學院的時候，上了一科基督教倫理學。基督教倫理是權衡各個倫理抉擇的利弊，然後，經過周詳理性的考慮，分辨哪個是正確的行動，並以慎重的態度作出抉擇。

對，就是這樣。

我在該科取得甲等成績，但是，當我嘗試在生活中實踐的時候，竟是不及格呢。

我們試圖作一個深思熟慮、小心謹慎的人，這樣做的一個小問題是：我們也在那於星期五——剛理性地按著最優秀的西方法律哲學行事——把神的兒子折磨至死的人羣之中。

為甚麼？哦，我們所做的，我們不曉得。我們當時不曉得，現在不曉得，也永遠不會曉得我們在作甚麼。我們都是在黑暗中絆倒的人。我認識一個人，在第二次世界大戰期間，一個幽暗的晚上，他在法國放哨值班，意外地射中了一個沿著鄉間小路走來的德國士兵。當他上前細看那屍體的時候，竟發現那是他一個最好的朋友，屬於另一個部門。我對他說：「可是你當時不曉得自己在幹甚麼」，他似乎並沒有從我這話得到多少安慰。

有一次，我為退休金的安排跟證券經紀會面。我見他從手提包裏拿出一些圖表來，便問道：「這是不是指你現在把證券買賣提升到超過進賭場博彩的層次？」他答道：「不。這是指我要給你一個印象：我真的曉得自己在幹甚麼。」

然而，我們不曉得我們所作的！這是事實，不是藉口。我們對人的惡意攻擊，大部分都是沒經過事先考慮就行出來的。

羅馬兵、猶太人的議會、狂暴的羣眾：你們每一個是怎麼決定要殺害神的兒子的？啊，我們以為我們是在維護法律和秩序。我們認為我們是忠於聖經美好的價值觀。我們只是奉命行事的兵丁。我們有這個直覺。我們沒有實際主管訴訟程序；那是政府做的事。一切都是按著最好的法律意見進行。

事實上，那正如耶穌所說的：「他們所做的，他們不曉得。」那豈不是那試探者在美好的園子裏所應許我們的事嗎？在那裏有知識樹。吃了那棵樹的果子，我們的「眼睛便會開了」，我們就會知道善惡，意思是，我們就必定會像神一樣；那使我們和神有分別的是甚麼呢？神知道一切，而我們的知識卻是何等的貧乏。

在撒但的邀請下，我們把果子拿來吃了，我們的眼睛開了。而我們所看見的是甚麼？我們的生殖器官！我們的眼睛開了，我們知道的新事只有一件：我們是赤身的，而且害怕。我們的新知識只暴露了我們的脆弱。

馬太福音二十五章31至46節論及大審判的比喻，那是耶穌說過的小故事之中，其中一個最令人不愉快的。在末日，人子會登上寶座，審判萬民。在祂左邊的是山羊，他們沒有好好地對待「這最小的一個」，沒有認出在窮人、在被囚之人，和在受欺壓之人中間隱瞞真實身分的基督，因而受到懲罰。

在審判官右邊的是綿羊，就是那些伸出手來幫助「這最小的一個」的，他們要得到永恆的獎賞。

在期終考試裏知道問題的答案，不是一件美事嗎？在末日將有審判，但所根據的是甚麼標準？「我在監裏，你們來看我」！

這就是叫人驚訝之處。在耶穌的故事裏，綿羊說的話跟山羊完全一樣。一樣的字句。對人子的審判給予同樣的反應。「主啊，我們甚麼時候見你？」綿羊和山羊說的話完全一樣。

好了，你以為山羊是愚蠢的一羣吧。他們沒上主日學，不會用涵蓋兩性的代名詞來指稱神，不會替「仁人家園」(Habitat for Humanity)當志願人員。

但在耶穌的故事裏，**綿羊和山羊一樣笨**！綿羊說的話跟山羊一樣：「主，我們甚麼時候見你？」

蒙福的綿羊充分認識到要探望囚犯，要給一杯涼水等，但他們所見的耶穌，並不比那羣不道德的、無動於中的山羊所見的更清晰。他們全都是愚蠢的！當說到認識耶穌一事，到最後，你還是無法分辨綿羊和山羊。在審判的寶座前，除了「主啊，我們甚麼時候見你？」這句愚笨的話以外，他們都沒有為自己說些甚麼。

耶穌所說的這個有關審判的故事，不只讓我們窺見那些道德正確的行為；它更是一支透露人們無知的最後交響曲。你以為耶穌等了二十五章，到最後，終於讓綿羊進來，讓他們得悉一些內幕新聞嗎？這個你連想都不要想。門徒在二十四章之內都不容易理解耶穌的身分，到最後，他們還是和起初一樣愚昧。他們由第四章開始就跟隨耶穌，到了第二十五章，他們是愈來愈笨了。

在認識耶穌上，我們統統是生手。沒有方法可以強行操控和支配公義的神至高無上的審判。肯定地說，必有某些方法讓我們充分地「掌握內幕」，在政治上有足夠的進步，以保證我們是在右邊，即我們能夠越過神的審判，因為我們是以那麼豐富的知識理解耶穌。

不。我們不曉得自己在幹甚麼。

這是你和我伸手可及的範圍。在颶風凱特蓮娜(Katrina)吹襲以後，很多人提出一個問題：一位良善的神怎能做出這樣的事？神必要為這事提出一些解釋來。在我們的神學裏，神義論（theodicy）——證明神對待人類的方式之合理性——是鎮上惟一的遊戲。困難是，聖經對神義論不感興趣，尤其是沒有興趣去嘗試向人類解釋有關自然災禍的事。自然災禍是生物學而不是聖經所著重的事情。在聖經裏較著重的是「罪人論」（"homodicy"），向神證明有罪之人的合理性。聖經所關注的大事是人類的罪，而不是颶風。哥林多後書五章19節不是說，基督在世界裏使神與世界和好，而是說，神在基督裏使世界與神和好。我們一向認為，在犯人欄裏的是神，需要向像我們這樣一羣具創意且悲天憫人的人證明神的合理性。是的，我們一向如此，直至我們來到十字架，才有所轉變。

耶穌在十字架上，在痛苦之中發出的第一言、第一句話就是「父啊，求祢赦免」，你不覺得這是奇怪的事嗎？這樣的流血、暴力、不公、被壓碎的骨頭、被撕裂的肌腱，被釘在木頭上的手。面對著可能有的指責、定罪，和控告祂的話，耶穌說的第一句話就是「父啊，求祢赦免」。早前祂吩咐我們饒恕敵人，並為那些逼迫我們的人禱告。我們還以為祂所說的是隱喻。（我無法告訴你，自我上次為侯賽因〔Saddam Hussein〕或拉登〔Osama bin Laden〕的靈魂好好地禱告至今已有多久了。）耶穌在十字架上，敢為祂最糟的敵人，祂福音的主要仇敵——**我們**——禱告。

耶穌把無知和饒恕結合起來，是那麼奇怪的事。我常常把無知理解為饒恕的敵人。我說：「饒恕是美好的——

只要犯罪者先知道、然後承認他做錯了。」先有懊悔、有知識的悔改，然後才是充滿恩慈的饒恕。對嗎？

然而這裏，在十字架上發出的，是先發制人的饒恕。我們以饒恕開始。耶穌的第一言是饒恕。那就如，當父神開始創造世界時，第一句話並非「要有光」，而是「要有饒恕」。若非先有饒恕，就沒有新的世界、沒有從混沌出來的秩序、沒有死而復生、沒有我們與神之間一種新的聯繫。饒恕是第一步，是惟有神才能建設的一座通向我們的橋梁。照亮我們的黑暗的第一句話是：「父啊，求祢赦免。」

「父啊，求祢赦免」必定永遠是我們與神之間的第一句話，一方面是因為我們的罪，另一方面是因為神永恆地要得著我們。饒恕是神要與像我們這樣的人相處所需要的代價：每一次神在愛中向我們伸手的時候，我們總是把神趕走。在這裏，在十字架上，據我看，父神有兩種可能的行動。第一種是，神可以丟棄我們。神可以說：「好了，夠了。我已盡力接觸他們，懷抱他們，拯救他們，把他們帶到我跟前，但一旦他們淪落至殺害我的兒子，事情就這麼算了。」在這一刻，神本可丟棄我們。第二種行動是，父神可以丟棄擁有神的身分的兒子，把祂交在我們帶罪的手中。神本可以任讓聖子掛在十字架上，作為我們所行的惡事的一個不幸無助受害者。

然而，如果神要繼續作為聖經中向我們啟示的神，這兩種行動一定不會是神真正可選擇的辦法。父神不可以與聖子分離。父神留在聖子身邊，在可怕的受苦過程中，以得著我們作為交易。父神留在我們身邊，並有一個被釘十字架的兒子。三一神的合一得到維持——聖父、聖子和聖靈——在這過程裏，聖父和聖靈承擔聖子的苦痛。假使聖父要丟棄祂的兒子，祂就得丟棄作為聖父的真正身分。於是神寬恕了我們，藉此與我們聯合，因而維持了三一神的生活方式——因為聖父和聖靈若要與道成肉身的聖子同在的話，二者就不得不與我們這些殺害神的兇手同在。

在十字架上，在耶穌宣佈赦罪的時候，祂只是在做一件祂在傳道事工上一向所做的事。而聖父，在接受聖子代我們祈求赦免的時候，也只是做著聖父憑著聖靈的權能和豐富所經常做的一件事，就是向有罪的人類伸出手來。聖子在十字架上所做的事，聖父和聖靈在人類歷史中一直在做著，只是藉著十字架把它強化和聚焦。

這就是為甚麼我在開頭說，我們是在見證三一神生活裏的一場對話。記得耶穌在客西馬尼園的禱告嗎？「父啊，我不想死，讓這杯離開我吧。」(作者意譯經文)在那個禱告裏，耶穌不是假裝的。祂並非熱切地尋求要上十字架。可是，因著祂下定決心要愛我們，奉聖父的名擁有我們的緣故，十字架把祂找著了；而祂也樂意背起十字架，將之看成是祂父親的旨意。我們聽見舊約裏多少次類似的辯論，父說：「以色列啊，對於你我忍受夠了。我嘗試和你立約，竭力作你的神，可是現在，你拜偶像、背棄我，我已經忍受夠了。我是這裏的局外人？」然後，在僅僅幾節經文之後：「以法蓮啊，我怎能離開你？我怎能棄絕你？」而在與我們建立親密的關係上，聖靈是那麼的有辦法和不懈，可又是那麼的難以捉摸、善於規避、自由，和超過我們的理解；就在我們最不想聖靈來或去之時，在我們中間來去自如。現在，在十字架上，在聖子受苦的時候，聖父在承受著舊約的 *hesed* ——「堅定不移的愛」——最終所達到的狀態。而鍥而不捨地與我們相交的聖靈也在承受痛苦；凡是與我們親近的神，因著與人類的親密關係，必無可避免地遭受這種痛苦。

在這裏，在十字架上，耶穌禱告：「父啊！赦免他們。」我們看見耶穌在約翰福音裏所說的（「我與父原為一」）是真的；而且，因為聖子和聖父是一體的，如果聖子要愛和服事聖父，又如果父要愛和服事子，那麼二者都必須接受我們進入這樁交易之內。要接受像我們這樣的兇手，就必須有從神而來的驚人的赦免行動。三一神已伸出手來，吸引我們，使自己與我們這些罪人發生關連；請看看，這位神所得到的是甚麼——十字架。而我們這些罪人就運用了各種供我們隨意使用的方法——包括我們的宗教、我們的靈性、我們的信心——來抗拒這愛；請看看，這讓我們達到甚麼狀態——被赦免。

耶穌在約翰福音說，若不藉著祂，就沒有其他通往父那裏的途徑；這話的意思包括了這一點。就是說，除了藉著聖父、聖子和聖靈寬恕我們，與我們親近之外，我們就沒有別的途徑，可通往父那裏。

我認為耶穌的話不是說：「父啊！赦免他們，因為他們實在不應該受責備，因為他們在理性上並不知道自己在做甚麼。」

我認為那是說：「父啊！赦免他們，其中的一個理由是，他們不知道自己在做甚麼。」當然，除了藉著饒恕我們的愚昧和殘酷之外，神永遠不能得著我們。如果神要等我們，直到我們**曉得**我們做的錯事才罷休，神就要一直等下去，直到永遠。如果你要等我知道，承認我有份串通，承認我的罪並為之懺悔，你就要等到永遠。但我不是活到永遠的，只有神才是活到永遠的。如果神要等我先承認自己是個罪人，然後才跟我談話，我們之間的對話就永遠不會出現。在罪咎中，我會太具防禦性、太虛假。我寧可死。

「你有份串謀把神的兒子釘在十字架上嗎？」

「誰？我？為甚麼你老是挑剔我？我在盡力做到最好。」

故此我們聽見的第一件事是「你被赦免了」，接著是：「我們可以談談嗎？」

我的作家朋友皮里斯（Reynolds Price）患了脊柱瘤，他在病中做了一個夢。他夢見自己站在約旦河中，水深及膝，耶穌在那裏施洗。耶穌看著他，對他說：「孩子，你的罪赦免了。」

皮里斯哼著鼻子應道：「誰說我為我的罪擔憂？我想要的是得醫治！」耶穌看來不耐煩，說：「那我也應承你。」

這裏有一個多麼有趣的進程。首先是「父啊，求祢赦免」，其次是「他們所做的，他們不曉得」。感謝神，我們今天與神關係的根據並不是我們知道自己在做甚麼、我們是誰，以及這一切有何意義、我們的動機如何。我們與神之間的境遇是由神來決定的。在一切之先的赦免。

這教你想起，在較明亮的日子裏，耶穌在加利利四處巡行的那些時候。祂一次又一次走到平民百姓跟前，沒有事先警告就對所遇見的人說：「你的罪赦了」，以及「去吧，不要再犯罪，你的罪赦了」。幾乎沒有人**請求**過耶穌赦免他們；耶穌認識到一點：沒有神的饒恕作為第一句話，也就沒有神人之間的相遇。

我們意識到一件事：饒恕是在悔改之前發生的。我們缺少了悔罪的勇氣和意識，沒有事先認識到：我們對自己說實話，對自己誠實，神是不會把我們毀了的。故此，在十字架講說真相之前，有從十字架而來的饒恕。基督徒在懺悔之時，不是要得到赦免，而是因為我們已蒙赦免。父神赦免了，而他們並不知道。

我曾在某間神學院教講道法，我教學生要注意他們在講道時說的頭幾句話。「你說的頭幾句話，起初的一兩個句子，設定了講章的格調，你預期要走的方向。」耶穌說的頭一句話是個禱告：「父啊，求祢赦免。」那告訴我們，這從十字架上開展的對話，是朝哪個方向走呢？

幾年前，對世界宗教素有研究的重要學者休斯頓．史密夫（Huston Smith）訪問杜克大學。在一次演講中，他說出各個宗教最顯著的特色，最獨特的一面——伊斯蘭教，祈禱；猶太教，家庭；基督教？**饒恕**。在耶穌所抱持的信仰之中，以及人們對耶穌的信仰之中，饒恕敵人是獨樹一幟的教訓。

說來有趣，這是耶穌的第一句話，這一點是與我們格格不入的。對我們來說，即使我們真的饒恕人，那也明顯地只是次要的話。首先，「讓冒犯我的人向我請求饒恕，說他感到抱歉，真正感到懊悔，然後才有饒恕」。

但是，在髑髏地，沒有人請求饒恕。沒有人說：「我懊悔了」，或說：「哎喲，我推斷我們處死這個拉比是錯的，請饒恕我們。」

然而，耶穌首先說：「父啊，求祢赦免。」

我相信，天主教的倫理神學規定，有關教會中的悔改，要得到赦免，就必須先有「悔罪的表現」。

這裏完全沒有那回事。只有「父啊，求祢赦免」。

這個耶穌談到在一切之先的饒恕，祂此刻是否最令人感到被冒犯？因為祂在我們請求饒恕之前赦免了我們，而且，要求我們也饒恕別人，這是不是我們把祂釘十字架的原因？在一篇論及饒恕的講章裏，奧古斯丁（Augustine）說，有時候，他教會裏的人略過主禱文中的一個短語，這短語是說：「免我們的債，如同我們免了人的債。」（見 Sermon 49.8）只是默默地略過這短語，原因是，他們知道，如果他們大聲地唸誦這短語就是在說謊。奧古斯丁說，他們曉得，當唸誦「免我們的罪，如同我們免了人的罪」的時候，他們可說是在與神立約。路加福音的一些早期版本裏的主禱文並沒有這些字句。饒恕人是難的。

一位拉比曾對我說，他固然佩服耶穌大部分的言行，但作為一個猶太人，他認為耶穌在十字架上發出的第一言，是他感到最令人生厭、最可悲可歎，和最應受責難的話之一。為甚麼？

「被外邦人釘十字架的猶太人已經有夠多了，我們不需要有更多猶太人為外邦人殺害猶太人一事饒恕外邦人。」

我可以明白他的意思。在我之前牧養的教會裏，有一個被男友虐待的女人對我說：「我曾祈求神賜我力量，使我能夠饒恕他。」我跟她說：「不，你先要告訴他，他做錯了。要跟他說，要是他再虐待你，你就會叫警察來，把他收在監裏；然後——惟有到那個時候——當他停止虐待你，我們才談饒恕的事。」

至於耶穌，在十字架上，次序可不一樣。首先，祂祈求神寬恕。假如我們要聆聽耶穌在十字架上所說的話，並從中學習，本課就必定是最獨特、最難學的課堂之一——這第一課。

「這赦罪的是誰？」祂的批評者問。今天，我們這羣想跟隨耶穌的人問：「這**首先**赦罪的是誰——甚至在任何人承認犯了罪之前？」

有人在你沒有請求寬恕之時饒恕了你，你有過這樣的經驗嗎？（我有。）也許你甚至不知道自己做了一些需要人饒恕的事。

在和一羣教職員對話之時，我批評另一間神學院的一個教授寫的、一本差勁的書。我還加上一句，説這麼一個傻瓜寫出來的，自然是一本差勁的書。

當大部分教職員都離開了以後，一位同工（無疑是被我的坦率和風趣所打動了）留下來跟我說：「你剛才踐踏的那人，是在我離婚的事上惟一支持我的人，惟一一個私下給我幫助和安慰的人。但我想你知道，我打算為你的粗野和不體貼原諒你。我饒恕你。」

我可以跟你説，他所提出的饒恕，對我來説是不太好受的。在我得到他原諒我是個不懂體貼的粗人之前，我並不知道自己是個不懂體貼的粗人。

耶穌的第一言：父啊，求祢赦免。他們所做的，他們不曉得。

有人對我説：「我的前夫做盡了一切，使我的人生苦不堪言——離婚之前和離婚之後都是一樣。我被憤怒和恨怨所消耗，甚至醫生説，那影響了我的健康。睡不著、吃不下。我甚麼都試過了。現在，我沒有別的辦法，只有饒恕他、忘記他，對神抱著這個希望：我永遠不再過問他，他也永遠不再過問我。」

我想，那就她來説是好的策略。人們説，有時候你需要饒恕，好把得罪你的人拋諸腦後，好讓自己透透氣，好讓自己最終能重新開始。可是，在這裏，耶穌寬恕我們，並不是為了要遠離我們這羣兇手，而是要跟我們接近，為了拯救我們。祂祈求饒恕，並不是以之作為獲取更令人滿意的人生的一種手段，而是因為，身為神的兒子，祂知道饒恕人是神的本性。

耶穌先饒恕我們。在十字架上，在祂為自己祈求以先，祂為我們祈求：父啊，赦免他們。

我們的文化是要先識別受害者。一有悲劇發生，就要聚焦在受害者身上。先聆聽受害那一方的故事，與受害者站在同一陣線，確定責任，將之歸咎於犯罪的人。進展得太快、過早談及饒恕，會被認為是增加受害者的傷害，也令犯罪者太快開脫。然而，耶穌在祂的第一言之中，倒是聚焦於犯罪者，即我們身上：「父啊，求祢赦免。」

當一羣遭天主教神父性侵犯的受害人和他們的主教會面，過了數小時的哭泣、充滿憤怒地向著同情他們的主教叫囂，主教道歉和提議有關賠償之後，假如主教敢提到**饒恕**這個字，他就會立時被眾人大聲趕離該房間。

當有不公義或不法的事情發生，首先要找來一位律師主持公道。其次——不，第四或第五件事——才是考慮給犯罪者開脫的可能，在這之前還得先讓物歸原主和對受害者作出賠償。

又或，我們會說：「要先讓冒犯者看見他們所做的是一件錯事，錯得離譜。」必須先為所犯的罪命名，加以認領和承認。

然而，耶穌從十字架上饒恕了我們，正正是因為他們/我們**不曉得**罪是罪。「父啊！赦免他們。他們所做的，他們不曉得。」

耶穌不只饒恕；在一切之先，祂饒恕。

有一天，耶穌講了一個實在不合適的故事，是關於一個農夫的。他擁有一棵無花果樹(路十三6～9)，他來到樹前找果子。三年來，他都來找果子。無花果樹理應每年結果，但是三年以來都沒有果子。

主人說:「把它砍了吧！」僕人求他:「主人，由它吧。我會加上糞，掘開土，讓我們看看會發生甚麼事。」希臘文 *aphetes* 可以譯作「由它吧」或「饒恕它」。

「把它砍了吧！」那就是這棵差劣的樹所應得的懲罰。可是，故事是這樣結束的:「主人，求你饒恕！」這裏，在耶穌講的這篇短小的寓言裏，我們深深陷於糞便之中，得以聽見三一神心底裏的一段對話，一個以饒恕結束的故事，正如我們今天的故事是以饒恕開始的一樣。因此，還有時間，因有一位無限寬容的主人。

以賽亞預見有一天，「認識耶和華的知識要充滿遍地，好像水覆蓋洋海一般」(賽十一9)。我們還沒有到達那個階段。今天，這個星期五，當耶穌被掛在十字架上，開始流出血和膽汁之時，我們思想到，我們殘忍和愚蠢的程度是多麼的巨大。今天，當耶穌從十字架上說出第一言，讓我們先來思想祂巨大的恩典。還有時間。父啊，赦免他們。他們所做的，他們不曉得。

第二言

"To-day shalt thou be with me in paradise."

主，祢認識我們。我們在施行公義上極為成功。祢在我們富洞察力的心裏栽種了一種天然的是非觀、一種分別好與壞的意識，又把行正直和做美好的事的方法放在我們有能力的手中。給我們一些不公義的事，特別是如果可以在電視上播放的事，那麼我們就會跑在前頭，矯正他們的錯誤，給他們上他們不會忘記的一課，運用祢給我們的恩賜，使世界變成一個更美好的地方；至少比祢為我們所造的世界更美好，這並無冒犯之意。一位公義的神要求有愛好公義的子民。而且我們已經從歷史汲取教訓：軟弱引來攻擊，一種忍耐的外交政策只會鼓勵暴君產生。今天餵飽他們，明天攻打他們，炮轟巴格達（Baghdad），比讓他們有一天敲伯明罕（Birmingham）的大門要好。強者必須照顧弱者。資源豐富的必須保護溫馴的。我們的本意其實不是要永遠打仗；然而，如果我們要有公義的話，我們得奮力作戰，因為那是我們校正事情的主要——雖然是極昂貴的——方法。

如果祢——全能的神——不願站起來像神那樣有所行動的話，那麼，我們就不得不組織起來，替天行道。那會給他們教訓。

所以，他們攻擊我們的時候，我們就還擊。炮轟巴格達。那會讓他們得著教訓。以惡報惡；他們所能明白的不外如此。我們要把民主的喜樂、人命的寶貴、自由市場的價值教導他們，即使必要清除他們沙漠中的每一顆砂粒來做到這一點，我們也在所不惜。那會給他們教訓。

然而，當我們壞事做盡的時候，祢從血迹斑斑的十字架上俯視我們（我們把祢釘在上面），以祢最後一口氣作成祢的公義，說：「父啊，赦免他們。那會給他們教訓。」

祢的教訓是嚴厲的。阿們。

第二言

「今日你要同我在樂園裏了。」

路加福音二十三章 39 至 43 節

她臨近人生的結束——她已經夠長壽的了。現在，她差不多九十歲了，她的身體愈來愈差，逐漸敵不過充血性心力衰竭。

我問她：「你現在感覺怎樣？害怕嗎？懊悔嗎？你覺得怎樣？」

她答道：「不，不害怕。」

「你的人生漫長而美好，那必定是很大的安慰。」我說。

「一些吧，我最大的安慰是，不久我就要和耶穌同在。」她答道。

那是她將近離世之時最大的安慰。她將和耶穌在一起。當然，那是她過去最大的安慰，因為，從一種深層的意義來說，她過去已經和耶穌同在。在她所記得的漫長人生裏，她每天都是與耶穌共度的。對這個婦人來說，和耶穌同在不是甚麼純然屬於未來的盼望；那是眼前的現實。誠然，她盼望在不久之後的一天，會以現在沒有的一種圓滿狀態和她的主同在。但她現在所有的，足以使她充滿信心，瞻望未來。

她之所以能夠這樣充滿信心面對地上生命的完結，是因為她不需要等待與耶穌同在。她整個人生就是預備進入樂園的訓練期。從某種意義說，她不用等到死後才與耶穌同在。她過去已經與耶穌一同在樂園裏。

有朝一日，有一天，我們要和耶穌在一起。這是復活節信仰所帶給我們的重大盼望。有一天，神的國會達至圓滿，發出光輝，我們這些至今只朦朧地對著鏡子觀看的人，將要看見。有一天，一切都會變得清晰，我們要清楚地看見一切。今天向我們所承諾的東西，明天就屬於我們了。

那是未來給予我們的好處之一。對未來的盼望不斷推進我們，從今天走向明天。不論眼前的時代如何糟糕，期望一個光明的未來，總可以使我們在艱難的現在不斷前進。雖然今天也許很倒霉，但明天，有朝一日，事情會被整頓妥當。到了後天，永生就要開始。

那正是馬克思主義的一貫作風，不是嗎？維護馬克思主義的解放組織成員不斷告訴我們，有一天，所承諾的無階級社會將要實現。馬克思主義將會在真正奉行社會主義的國家中體現出來，但不是在今天。蘇聯？不，馬克思主義的意義遠較這令人遺憾的錯誤豐富。古巴？不，卡斯特勞（Fidel Castro）沒能正確體現它。中國？他們以其極權主義扭曲了馬克思的理想。工人的樂園總是趕不及在今天實現。

那就是明天通常所處的狀態——總是一種理想。如果你把它完全保留在未來，一種未能達到的理想，那麼你就毋須在今天、在刻下把它活出來。你儘可以紙上談兵，侃侃而談，而從來不用在此地實現你的夢想，不用在刻下、在今天為現實負上責任。當耶穌呼召我們這些普通人來「跟從我」的時候，我們當時並不知道那意思是走十字架的路。當祂說：「神的國在你們中間」的時候，我們還以為祂全然是指著未來說的（路十七20）。

耶穌先是對祂天父說話：「父啊，赦免他們。他們所做的，他們不曉得。」然後現在祂是對一個罪犯說話。祂繞過我們，轉向那個賊。這位不斷教導門徒的耶穌，總是向天父禱告的耶穌，現在與一個惡棍談話——就是以現在式、一種消除戒心的方式進行的。耶穌因為敢與罪人一同吃喝而遭我們這羣義人找麻煩，此刻祂更與罪人談話、與罪人同死。當耶穌被懸掛在十字架上承受痛苦之時，身邊除了一個賊之外，並無別人。啊，與其說他是個「賊」，不如說他很可能是個「滋事者」、「煽動暴力者」，也許是個「造反分子」，又或，更確切地說，一個「恐怖分子」。

他對耶穌說：「耶穌啊，你得國的時候，求你記念我！」這潦倒之人必定是想著明天。這天，他與耶穌同被釘在十字架上，面前是咆哮的羣眾，他忍受著邪惡的人類所設計的最惡毒刑罰，處於可怕的痛苦之中，被世界嘲笑；就他來說，耶穌所應許的「國度」必定是遙指未來。

耶穌叫他感到意外。「今日你要同我在樂園裏了。」（路二十三43）**今日**。被認為是只會於未來發生的事，在耶穌的這個承諾裏成為現在的事。你或許預期耶穌會說：「有朝一日，在我走了以後，到了神最終整頓一切、恢復秩序，這不公平的審判得到平反的時候，那時，你會同我在我早已應許過的國度裏。只管等到明天吧。」

不。耶穌說：「今日你要同我在樂園裏。」耶穌對這樣一個被釘十字架，忍受著如同地獄般可怕的經驗的人所說的，是何等的一個承諾！今日。在樂園裏。

好了，有人可能說：「今日你要同我在樂園裏」是因為耶穌和那個賊都快要死了，因此該天的晚上他們就會在來世的樂園裏。耶穌和那個賊都是朝著死亡之路進發，因而都是朝著死後的生命形態進發。他們被掛在十字架上的地方看來當然不像樂園。但我認為這樣說沒有摸著耶穌這裏的話所帶來的震撼。

我相信，假如耶穌是在明亮的陽光下沿著加利利的路走著，而不是在幽暗的天空下被掛在十字架上，又假如耶穌和那個賊在地上的生命還有許多年的話，我相信這段談話的發展會完全一樣。

因為，當耶穌提到「樂園」的時候，祂說的不是有朝一日他們要去的地方，而是**他們今天就要進入的一種關係**。

耶穌把「樂園」這個壯麗的概念跟十字架的恐怖連結起來，這是多麼的奇特。雖然你或許不想要「樂園」的定義，但這就是它的定義：樂園是**無論何時、無論何地，你和耶穌在一起**。可以肯定的是，我們身為基督徒，期望一旦越過了必死的今生裏所遭遇的挫敗和限制，我們和耶穌的關係就會更深入、更豐富、更圓滿。但這並非意味著，此時此地，這種關係還沒有開始。我們在基督信仰上的實踐，是為進入樂園作準備。不。真相是，根據耶穌和那個賊在十字架上的故事，基督信仰是：我們現在、今天就有份於在樂園裏。那永恆的、完整的關係在此地、在此刻開始，即使它還沒有達致圓滿的境地。

那個垂死的賊不是在呼吸最後一口氣便開始同耶穌在樂園裏。就在那罪犯認出他身旁這個在十字架上承受痛苦和可怕羞辱的人不是別人，正是他的主、他生命的主人、神國的君王的那一刻，他在樂園裏的生活就開始。又或，那個賊還未曉得有關耶穌的這些事情——祂的主權、祂的至高無上，和祂作為彌賽亞的權能。(因為，正如我們先前說過的，期望我們擁有知識，曉得我們做著的事，是不切實際的，正如耶穌說：「他們不曉得他們在做甚麼。」)他說的不過是：「耶穌啊，你得國的時候，求你記念我！」而那就夠了。

我們所說的「永生」是「神」的同義詞。神不是被造而存在；神根本就**等於**(is)存在。神是純粹的存在，完全的生命。我們所說的「死亡」，就是沒有任何事情發生的同義詞，因此是「神」的反義詞。所以當我們說到「神」的時候，我們的意思是指生命、永生，即總有事情發生、永遠有事情發生的生存狀態，因為神就是生命。

只有神有永生，在我們或在世界之內，並沒有永恆的東西。在我們中間，凡活著的都必死。故事就是這樣結束。所以，如果我們要有永生的話，我們就一定要以某種方法緊扣著神的生命。有份於神的生命就是有永生，就是被神接納而進入神的存在之中，被納入神的故事裏。而惟有神才能做到這一點。無論何時，神這樣做的話，那就是永生。此時，此地。

耶穌和那個罪犯在十字架上的這段簡短對話，給我們一個承諾：即使在今生最糟糕的處境裏，也可能與耶穌在一起；此時，此地。我們人生中有甚麼處境會比掛在十字架上更糟的？我們的神不是那種高高在上，對今生的掙扎和痛苦不屑一顧的神。我們的神與這地上的人生困境打成一片，甚至到了一個地步，與我們這些罪犯同上十字架。如果我們想與神同在，在樂園裏或在別的地方，那麼，我們可以預期在十字架上和祂同在。有這麼一位神，生命會變得非常非常黑暗，然後我們張開眼睛，竟看見神在這裏，就在我們身旁。有這麼一位神，事情會由惡劣變得更惡劣，由更惡劣變為可怕，但接下來，在我們身旁的，是與我們一同懸掛在那裏的、在十字架上的神。

我們不需要閒坐等待，設想某種模糊的、虛無飄渺的未來，就是我們將會「與耶穌同在」的未來。那可以現在就發生，神仁慈地讓我們得著，此時，此地。「**今日**你要同我在樂園裏」並不是承諾一種在遙遠的未來發生的可能性，而是承諾基督在此時此地可以為我們做的事。因此我們不應該說關乎「來世」(“afterlife”)的事，而應該說關乎「永生」(“eternal life”)的事，就是與活著的神連結在一起的生命，此時，此地。就在他人生的最後片刻，那個賊認識到耶穌的身分，他體會到樂園的滋味。他散發光芒，即使是在這樣黑暗的時候，這個垂死的賊，與耶穌承受著一樣痛苦的賊，散發光芒。他發出的光輝因反映基督的永恆之光而更加明亮。

你也可以這樣。注意那些黑暗的時刻，就是你因為作耶穌的門徒而被迫，被掛在十字架上的時刻，就是你與耶穌一同在十字架上，經歷受辱和痛苦的那些時刻。在那裏，耶穌對你說，猶如他對那個賊所說的一樣：「今日你要同我在樂園裏。」不是有一天、有朝一日在樂園裏。此刻就在樂園裏。

偉大的俄國作家托爾斯泰(Leo Tolstoy)，把他的歸信與在十字架上的那個賊的歸信作比較：

> 五年前，我相信了基督的教訓，我的人生突然改變了；我不再渴求之前我渴求的東西，而開始渴求之前我不想要的東西。之前我認為是美善的東西，現在看來是惡的；之前我認為是惡的東西，現在看來是美善的。這事的發生，就如一個離家公幹

的生意人所遭遇的一樣：他在途中突然決定，不需要做那樁生意，而回家去。在他右邊的一切現在變成了在左邊，在他左邊的一切現在變成了在右邊；他之前希望離家愈遠愈好，現在變成了希望愈靠近家愈好。我人生和我願望的方向，都變得不一樣了，善惡互換了位置……

我像那個在十字架上的賊那樣，相信了基督的教訓，得著拯救。這絕不是牽強的比較，而是最貼切地表達了我之前和現在的狀況：之前我為生死的問題活在屬靈的絕望和恐怖之中，而現在，我則身處於平安和幸福之中。

……我像那個賊，知道自己並不快樂，在受著痛苦……我像那在十字架上的賊，被某股力量把我釘在痛苦和不幸的人生上。那個賊在經歷了無意義的痛苦和不幸的人生之後，等待著那可怕而黑暗的死亡，而我，也是這樣等待著相同的事情。

在這一切上，我跟那個賊完全一樣，分別只在於那個賊臨近死亡的邊緣，而我依然活著。那個賊也許相信，他之得拯救是在墳墓的那端。可是我不能以此為滿足，因為，除了在墳墓那端的生命以外，在這裏還有生命等著我。但我並不理解那生命；它對我來說是可怕的。突然間，我聽見基督的話並且理解，生死在我看來不再是惡的，我經驗到的不再是絕望而是幸福，以及不受死亡侵擾的生命的喜樂。[1]

假如耶穌這第二言不是向這個賊，而是向愛祂、跟從祂到底的門徒說的，好作為給他們的安慰或解釋，那不是更適合嗎？畢竟，一直相信耶穌是基督，是神的受膏者和聖者，現在竟目睹祂被鞭打、在十字架上痛苦流血，是叫人震驚的。我們將希望寄託祂身上，是否沒有穩固的基礎？士兵嘲弄耶穌，羣眾叫囂，他們蔑視這位此刻亟待救援的「救主」是做對了嗎？

當然，這個問題是我們作為門徒一向提問的問題。對於靠近耶穌，我們一直都有困難，特別是，當這範圍超出了核心的圈子、教會、我們以外。現在，讓我們誠實地面對現實吧！我們作為祂的門徒，沒有幾個是夠貼近祂，以至祂可以對我們說話的。我們使在那裏——加略山之巔——的經歷變得十分孤單。被侮辱、光著身子、為世界所辱罵，接受最公開、最貶低人格的酷刑；誰在耶穌的身邊，祂就得跟誰說話。祂的事奉，祂的講道，祂的行動現在把祂置於最下流的人之中，就在兩個最粗鄙的罪犯中間。當變得艱難、有人開始打祂的時候，家人、朋友、門徒都不知何處去了。耶穌獨自一人。

在祂需要的時候，沒有一個人在祂旁邊安慰祂。稱為

「石頭」的彼得已經消失了。除了這個罪犯以外，沒有一個安慰祂的；除了這個恐怖分子以外，沒有談話的對象。

「主，我們必定守候在祢身邊。」我們所有人昨晚在餐桌旁都這樣說。但那是一家人安靜舒適的時間。在這個戶外的地方，眼前是咆哮的羣眾，羅馬人終於採取行動，我們甚麼都沒說，而耶穌獨個兒被掛在那裏，除了還有一個賊之外。

早前，我們抱怨道：「這個人接待罪人，又同他們吃飯。」現在我們也可以抱怨道：「這個救主竟接待罪人，和他們同死。」

祂不是說過「無論在哪裏，有兩三個人奉我的名聚會，那裏就有我在他們中間」嗎？我總以為祂的意思是指著禱告或崇拜而言。如果星期天我們只有兩三個人在禮拜堂聚會，耶穌也會在那裏。從來都不曉得祂是指著加略山上聚在一起的垂死的賊而說的。此刻，就在今天，我從耶穌的第二言裏明白祂的意思：**當兩三個一無是處的罪犯被掛在那裏，像被掛在十字架上，我在那裏**。

神學家巴特（Karl Barth）說，這就是最早的教會。教會像樂園一樣，是耶穌與我們兩三個人在一起的地方。請看，祂現在在哪裏：在十字架上。請看，祂現在跟誰在一起：罪犯。在這裏，有兩三個人與耶穌在一起，是如假包換的教會。

耶穌與罪人一同吃喝，我們因祂這魯莽的舉動而強烈不滿，我們根本不明白。「我來為要尋找拯救失喪的人。」

祂回應道。我們從沒有想到，最差勁的罪人是我們中間那些不曉得自己的罪的人；而在失喪的人中最差勁的，就是那些不曉得我們原來失喪的人。此刻，這曾與罪人一同吃喝的耶穌，與罪人同死——一些罪人的罪在於危害了人類，而另一些罪人，像教會中的我們一樣，我們的罪在於違背了一位愛罪人的神。成為肉身的道在我們中間誕生，施行醫治，講道，行神蹟，被人出賣，受苦，死亡；而祂這一切工作的惟一獎賞是，和一個可憐的、感到懊悔的賊一同走進樂園的殿堂裏。祂稱這為「樂園」。

我認識一位傳道人，他當時正以馬太福音為題材，有一系列的講道。來到登山寶訓，在講道之初他問：「今天在座各位，有多少曾經墮胎？請舉手表示。」沒有人舉手。

那傳道人說：「讓我換個說法，你們有多少人曾經墮胎**或者**對別人發怒到一個地步，想他們死掉的？耶穌因這二者定你們的罪，也同樣赦免你們。」手舉起來了；這些人為耶穌沒有（至少在馬太福音五章）清楚說明教會與罪犯之間的分別而感到難為情。這位神尋求與罪犯為伍，到卑微的地方去尋找朋友，下到地獄去而稱那為「樂園」。這位救主因與某些人談話而惹上麻煩，祂最後的談話是和一個賊展開的。

好消息是：耶穌基督承諾罪犯在樂園裏有一個位置，就在今日。

那間小小的禮拜堂的混凝土梯級裂開了，我和她站在其上。我觀看這座荒廢的混凝土建築物，油漆剝落，牆壁破損。我們不能說這間教堂曾經「有過光輝的日子」，因為我們懷疑它連那些日子都不曾有過，即使它那粉刷得拙劣的牆壁並未剝落。

因此，當她對我說：「我愛這間教堂。它簡單，美得自然，它就是它自己。」我大吃一驚。

「哦？你會說它是甚麼？」我問，心中為我和她的認知之間的鴻溝感到驚訝。

「啊，對於我們這些曾經在不同時候在此與神相遇的人來說，它近乎天堂。我們年復一年地來到這裏，當我們所愛的某人死了，當某人出世，當我們不曉得該走哪條路的時候，在這裏神與我們相遇。在本縣本區的各地，都有人因為在這間小小禮拜堂裏所看見和所感受到的，更接近天堂，與我們的主更親近。」

難道你不認為，我對這間又濕又髒、油漆剝落、破破爛爛、破舊的混凝土建築物的印象，和她所謂的「近乎天堂」之間的分別，是頗值得注意的？我和她的認知之間的分別，源於哪裏？最重要的一點是，我不曾在這裏與永活的神相遇過，而她就曾經在這裏與永活的神相遇；那就是建築物與基督的身體的分別所在，一座全無美感的混凝土建築物與天堂大門的分別。

假如有一天你身處阿拉巴馬州的那區，你或許想去拜訪那間禮拜堂，想親眼看它一眼。如果你想這樣做的話，只管在大路的轉彎處問人去「樂園谷」（Paradise Valley）的路。

註釋

1. Leo Tolstoy, "I, Like the Thief," from *A Confession and What I Believe,* translated by Aylmer Maude (London: Oxford University Press, 1921), 103～105.

第三言

"Woman, behold thy son!…[Son],
behold thy mother!"

老實說，主耶穌，當士兵們把祢釘在木頭上，在各各他把祢舉起的時候，我們和祢的十字架不是那麼接近。但是從我們所站之地，所處的安全距離，祢的雙臂看來好像伸展至所能及的最遠範圍。看見祢的雙臂伸展至那麼遙遠，令我們感到十分不自在。

然而祢習慣了這樣做，即使在祢背上十字架之前，祢也是一直這樣做的。看著祢被掛在那裏，祢的雙臂擺出這樣不自然的擁抱姿勢，我們想起祢在傳道期間伸手觸及人是如何引來麻煩，一種真正的痛苦。先是骯髒平凡的漁夫，祢呼召他們撇下家庭來跟從祢，然後是稅吏、妓女、痲瘋病人、步履蹣跚的盲人和爬行的跛子、殘忍的羅馬兵、患血漏的婦人、神職人員，甚至死人，全都回應祢的碰觸，全都被祢抓住了。一位救主無法伸展得那麼遠，而期望不因此受罰的。在星期五，神曉得祢為衝破障礙、突破界限的接觸付上了高昂的代價。

祢過度伸張了。

祢伸手觸及的範圍有多廣？看，即使在此際，穿透祢手的釘子也不能限制祢。祢俯身，用力，彎身然後伸手抓住，一路向下伸展以至地獄，定意要採集收割，把我們這所有的罪人、或死或生，無論所犯何罪，全都收進祢的緊握之中，收進祢的懷抱之中。

我們在祢的十字架下聚集，因我們已經被抓緊、被握住；抓住我們的是一位可觸及之處並沒有限制的主。故此，今天，在這個重要的星期五，我們忠告那些還沒有被觸及的人——希特勒（Adolf Hitler）；史達林（Joseph Stalin）；今天在公車上坐在我們旁邊的婦人；昨天在路上阻礙我們，還對我們咧嘴而笑的那個男人；那沒有以公正待我，使我恨惡他並希望他並不曾存在的人；那個把塑膠炸藥縛在自己身上，拉動引爆線，以求和幾個猶太孩子同歸於盡的巴勒斯坦婦人——要當心。我們罪人敢說：祂的碰觸是不受限制的；祂的擁抱廣而又廣、堅定不移、無可抗拒；祂必會把你抓住，甚至要犧牲性命也在所不惜。阿們。

第三言

「婦人，看，你的兒子！……〔兒子〕，看，你的母親！」
約翰福音十九章 26 至 27 節

家庭對於耶穌來說時常是一個問題。「家庭價值」並不適用於祂。在祂還是嬰孩的時候，祂的生父是誰遭人質疑；祂的出生對不少人來說是一件尷尬的事。當祂還是孩童的時候，祂難以服從父母的權威。祂在聖殿裏閒蕩，與人討論神學問題。約瑟和馬利亞擔心得瘋了，因而訓斥耶穌，祂就無禮地答道：「你們難道不知道，我應該關心我爸爸的事嗎？」(路二 49)可憐的約瑟擔心自己的父權。他們緊張地找尋耶穌之後，祂的母親問道：「兒子，你為甚麼這樣待我們？」馬利亞和約瑟做了甚麼，以致得了一個像耶穌這樣會回嘴的少年人？

當耶穌長大以後，祂和母親出席一個婚宴。當時，酒用光了，馬利亞緊張地懇求耶穌幫助，但耶穌就以一句：「婦人，那和你或我有甚麼相干？」(約二 4；作者意譯經文）打發了她。那可不是回應親愛而年老的母親所應採用的正確語調。

當耶穌的傳道事工開始之時，祂沒有考慮把它延伸至捕魚的家族生意，只是以簡短的一句「來跟從我」，就要求這些漁夫把他們年老的父親撇在船上，加入祂與伙伴浪迹天涯的生活（太四 19）。

祂聲言：「我來是叫父親和兒子作對，母親和女兒作對」（太十 35；作者意譯經文），而祂也確實這樣做了。

有一天，有一個人對耶穌說：「爸爸剛死了，等葬禮完了我就加入。」

耶穌充滿愛心地說：「由得死人埋葬死人。你來跟從我！」（太八 22；作者意譯經文）這必定是洛克維爾（Norman Rockwell；譯按：二十世紀美國畫家及插圖畫家）之所以從未繪畫過耶穌的原因。

我記得，而且歷歷在目，很多年前在杜克大學校園裏舉辦的一個親子營，講員讀了耶穌呼召門徒，讓他們把父親撇在船上去跟從祂的故事——他抬眼看著聚集的學生和他們的父母，以難過的語調說：「耶穌傷了一世紀不少家庭的心。」

有一天，耶穌正要教導一羣陌生人有關福音的事，有人對祂說：「你的母親和弟兄在外面要見你。」（作者意譯經文）耶穌回答說：「誰是我的母親？誰是我的弟兄？」（可三 32～35）耶穌和祂的家人不是那種寬厚融和的家庭。

我在杜克大學擔任校牧的二十年間，接過不下十到十二次由憤怒和焦慮的家長打來的電話。他們從來都不說：「救我！我把孩子送到大學來，他染上了酒癮」，或「救我！我把孩子送到學校來，她變得性濫交」。不，我接到的電話是：「救我！我把孩子送到杜克大學來，她變成了宗教狂熱分子。」所謂宗教狂熱是指：「她要和天主教徒一起到海地（Haiti）傳教兩年。」

要讚賞這些家長，他們對耶穌的認識足以叫他們知道，耶穌對家庭造成大破壞。

耶穌在十字架上一度使母親陷入同樣的困境。祂對母親說：「婦人，看你的兒子。」馬利亞，請看看你快將失去的這個孩子，你為世人的罪所獻出的兒子。母親的愛，是那種為分送出去而愛的愛；就馬利亞的情況來說更是如此。早在耶穌出生之時，年老的西緬已經預言：「你的心也要被刀刺透。」從一開始，當神兒子的母親就不是一件容易事。現在，就是在十字架上，耶穌還是忙於把家庭拆散，忙於使許多母親傷心。耶穌因順從神的旨意，因對神所命定的使命堅定不移，就為自己的家人造成極大的痛苦。「婦人，看你的兒子。」

然而，耶穌說的不單是這一句話，耶穌的第三言還有下文。耶穌對母親說話以後，就看著祂的門徒約翰說：「兒子，看你的母親。」耶穌在這裏說的，當然不只是：「約翰，請幫個忙。我走了以後，照顧我的母親。」耶穌是說：「母親，我給你一個新的兒子。兒子，請看你這個新的母親。」這使傳統家庭陷入混亂的耶穌，在十字架上創建了一個新的家庭。

我們大多數人為了家庭，甚麼都願做。事實上，說到底，我們大多數人除了為家人以外，不會為人做甚麼艱難或英勇的事。譬如說，我們大多數都不是本性兇暴的人，但是，當被問到：「你會為保護家人免受傷害而殺人嗎？」我們就很容易給予一個肯定的答案。我們中間極少人會感到對親屬以外的人有重大的責任。假如受害人看起來和我們的親人相似，我們會向紅十字會慷慨解囊。耶穌的使命要大得多。

在那日子，在世界的那個角落，沒有任何社會依附（social attachments）如家庭的一般堅固和具決定性。你出身於怎樣的家庭，決定了你的整個人生、你的整個身分、你的整個未來。所以，耶穌其中一個反傳統文化、革命性的舉動，就是對家庭的持續攻擊。

我們自身的文化，由「家庭價值」主導。除了和我們有血緣關係的親人，再沒有更美善的東西值得我們效忠；這是教會為我們許多人所做的美事之一。在受洗的時候，我從原生的家庭被拯救出來。無論我們的家庭是如何的美好，總是太狹小、太受限制了。所以，在受洗的時候，我們被收納進入一個更大的家庭，大得足以叫我們的生活變得更有姿采。

耶穌在另一處說：「我賜給你們一條新命令，乃是叫你們彼此相愛；我怎樣愛你們，你們也要怎樣相愛。」（約十三 34）仔細觀看。耶穌正在創建第一間教會，祂吩咐我們要把這些陌生人當作是親屬般。教會是我們跟一羣陌生人偶然聚合在一起的地方，在那裏我們被迫去稱那些與我們沒有自然血緣關係、沒有共通點的人為「弟兄」、「姊妹」。

由是，此刻過後，當世人提到**家庭**的時候，耶穌的子民無不想到**教會**。

一天晚上，在杜克大學的校園裏，大家正為男生聯誼會和女生聯誼會的去向辯論。有一個學生說：「我之所以喜愛我所屬的男生聯誼會的其中一個原因是，它迫使我和一羣男生相處，其中有許多人是我不喜歡的——他們和我有著不一樣的種族和文化——並稱這些失敗者為『兄弟』。這使我成為一個更美好的人，比我被迫去只和同類的人相處要好。」

「我從沒想到把男生聯誼會看作教會。」我說。

那天，人們來到耶穌那裏，告訴祂：「你的母親和弟兄在找你。」耶穌回應道：「凡遵行我父旨意的，就是我的弟兄。」換句話說，耶穌為自己提出和認領了一個新家庭；這個新家庭是由門徒組成的。現在，任何想要跟從耶穌的人都是這個大家庭的一分子。

在耶穌從十字架上發出的第三言裏，祂打破家庭極權主義的影響，好釋放我們，給我們一個更大的新家庭。祂使我們與父母分開，給我們一個新的家長。我們不要稱任何人為「父」，只稱天父為我們的「父」。耶穌把我們從那個過於狹小、緊迫和受限制的家庭救出來，好賜給我們一個擴大了的、較普遍的新家庭。

誠然，家庭是神向我們賜恩的途徑，但多麼諷刺的是，本該帶來祝福的家庭竟成了重擔。這不是我們的罪經常帶來的結果嗎？我們總是誤用了神美好的恩賜，包括我們的家庭在內。

身為牧者，我可以告訴你，在我們人生中所發生的真正不幸事情，大多數是在家庭裏發生的。我的一位治療師朋友說，她大部分工作是幫助人們從家庭對他們所造成的傷害康復過來。因此在洗禮之時教會為我們做的一件事就是，從一個對家庭有太多要求、太看重家庭價值的社會的破壞中，收納我們，把我們救出來，好把我們放置於一個新的家庭之內；這新家庭有超過二千年的歷史，成員是數以百萬計以上活著和已死的弟兄姊妹。教會給予我們人生更重要的工作，較之純粹為那些與我們一模一樣的人犧牲，和在他們中間施予與領受更重要。

在我身為校牧的最後一個畢業週，我對一個活躍於校園事工的畢業班同學說：「這個週末我想見你的父母。他們會出席畢業禮嗎？」

「我不建議那樣做，我的媽媽非常厭惡你。」她答道。

「對我？伯母到底為甚麼會生我的氣？」我問。

「我正考慮到窮人中間工作，她為此感到煩亂。我想她較喜歡她以前所擁有的我，不喜歡現在與耶穌同工的這個新我。」

啊，對！耶穌再次玩弄祂那擾亂家庭、使母親生氣、創建新家庭的老把戲。

這個由十字架催生的、對家庭的批判是好消息抑或壞消息？一天傍晚，我在一個教會青年大會上講道，談到了我在這裏說過的一些話題。講道完畢，有好些成年人——他們大概為婚姻和家庭犧牲了大部分人生——不喜歡我講的東西。

然而，也有好些青年人與這些成年人排成一行，跟在後面，等著對我說這類的話：「真棒！我本來斷定是我不夠乖，以致無法使媽媽和爸爸廝守在一起。我不曉得神有別的計劃。」

這樣，耶穌對祂的門徒說，祂賜給他一個新的「母親」，又對馬利亞說，給她一個新的「兒子」。在十字架底下，我們這些因著種族、性別或家族而有所不同的人，一度站在同一陣線上，齊聲唱道：「釘祂十字架！」我們這些來自不同國家的人聯合起來，卻不是一個美麗的景象，因為我們之間的聯合和親密交談，總是為力圖把神除去。然而耶穌從十字架上凝視這羣釘祂十字架的人，以祂充滿愛的團結力量使我們合成一體。我們一度只關心那些和我們有著相同遺傳特質的人，現在，我們變成了要關心那些除了耶穌之外，和我們沒有共通點的人。我們不時有這樣的經驗：我們起初以為只是另一個具威脅性的陌生人，但後來我們稱呼她為「姊妹」。那是站在耶穌的十字架下，其中一種充滿恩慈和對我們有所要求的副產品。它稱為「基督的身體」。

一向渴望團結、渴望歸屬於團體和真正的家的我們，現在之所以合成一羣，不是由於我們極重的孤單感，而是由於神的大愛。

這在十字架下的「家」，你有多喜歡它呢？在我們的鎮上發生過這樣的事：有一個具影響力的生意人被控盜取公司數百萬元，令數以千計員工失去工作。為準備出席聯邦法庭應訊，他聲稱自己「得救」了，並且透過他的公關公告天下，說他已經「遇見耶穌」。

（我是太不信任人嗎？）

啊，一個月後我在電視上看到一個「基督教清談節目」，主持節目的竟是這個流著眼淚、聲稱自己懊悔不已的賊！看，那就是他！在神和眾人面前，手裏拿著聖經，虔誠可愛得像一隻羔羊。

我可受不了。「這個討好賣乖的人！」我向柏斯（Patsy）——我的妻子——高聲叫道。「他裝模作樣要到幾時呢？你相信這事嗎？」

她從小書齋走過，咕噥著說：「耶穌竟樂意饒恕那種討好賣乖的人，的確叫人難以置信。更難以置信的是，耶穌吩咐我們與那種人同在一間教會裏。」

她說的是事實。要是你認為原生的家庭是一種痛苦，請細想一下我們因耶穌而被收納進入的那個家庭！我之前已經說過，我要再說一遍：耶穌給我們最艱難的挑戰並不是耶穌自己，而是耶穌的密友。不要忘記：耶穌那個討好賣乖的同伴，是祂被釘十字架的其中一個主要理由。

奧康農（Flannery O’Connor；譯按：美國小說家）曾獨

居紐約，無人認識。她說在那樣與自己無關的環境下上教會有它的好處。有一次，她到西區第一〇七街的基督升天教會（Church of the Ascension）望彌撒，回程中她提到在教會的時光：「你看到幾個你但願認識的人，但你更看到幾千個你慶幸自己並不認識的人。」[1]

又有一次，在我們的教會裏，一個宣教士為海地的兒童籌集捐款。我們把捐款盤傳開，然後數點捐款。那個宣教士說數目不夠，聲言：「我會把捐款盤再傳一次。當我這樣做的時候，我想你再次禱告，求耶穌幫助你認出你的孩子的面。」

現在就看看你周圍的人，看看在十字架下聚集的失敗者，你壓根兒不認識的一羣，更不要說他們和你有多少共通點了。祈求神讓你得著恩惠，能以把這些陌生人看作是你的弟兄姊妹。祈求神讓他們得著恩惠，能以把你當作是近親般看待。你在家庭中成長的時候所有的一切缺陷和問題，現在都被醫治過來。沒有組織傳統家庭、沒有生兒育女的耶穌，正忙於建設一個就世人所知的最大家庭。

歡迎你回家。

註釋

1. 轉引自 Paul Elie, *The Life You Save May Be Your Own* (New York: Farrar, Straus and Giroux, 2003), 178。

第四言

"My God, my God,
why hast thou forsaken me?"

說真的，主耶穌，我們的罪是不是嚴重到一個地步，以致這成為了必需——我們今天不得不觀看這醜陋的一幕？為甚麼正午的天空變成了午夜的天空、大地歎息、諸天撕裂，只為了我們小小的過失？誠然，我們的過失是我們造成的。事情沒有按照我們的原意發生。有始料不及的複雜變化，在我們控制之外的因素。但我們的本意是好的。我們沒打算叫任何人受傷。我們只是人，這是那麼的錯嗎？

說真的，除去世人罪孽的神的羔羊，我們也許不是歷來最優秀的人類，但我們肯定不是最差勁的。其他人犯了更嚴重的過錯。我們應該為祖父母的無知負責嗎？他們像我們一樣，在他們時空的限制下，盡力做到最好。我們經常被迫在資訊有限的情況下操作，我們的本意和結果之間總存在一道鴻溝。

求祢，主耶穌，為其他人死吧——一些罪大惡極的人，更應該得到這樣至大的犧牲的人。我們不想負責。說真的，主，我們的不義是那麼的嚴重嗎？我們是這樣的一等罪人，以致祢需要為我們死嗎？

說真的，如果祢放開一點來看，我們的罪——至少我的罪——其實是那麼的無關重要。祢為我們微不足道的悖逆小題大做。我們不想雙手沾上祢的血。我們不想我們的人生以任何方式擔負祢死亡的重擔。說真的。阿們。

第四言

「我的神！我的神！為甚麼離棄我？」
馬太福音二十七章 45 至 49 節

我教會晚間的事工辦得不太好。曾幾何時，各地的循道宗教會都規定有星期天的黃昏崇拜。但後來有了星期天黃昏的電視節目和《銀礦藏》(*Bonanza*；譯按：一九六〇年代最受歡迎的美國電視連續劇之一)，到了今天，在晚間敬拜神變成了稀有的事。那可真不幸，因為耶穌的一些最棒的工作是在晚間進行的。祂在黎明前走在水面上，平靜了怒海，在夜裏教導尼哥德慕，在星期四的傍晚舉行了祂那最廣為人知的筵席，而且趁著「天未亮」的時候，從死裏復活過來。那是真的。復活節是在黑暗中發生的。到我們和婦女們趕到墳墓，參加復活節黎明崇拜的時候，耶穌已經復活了，並且已經以我們不能理解的方式，在黑暗中踏著祂的舞步，回加利利去了。

但我的教會就沒有在黑暗中辦得那麼好。「不幸地，我在一間快樂的教會裏。」一位女士在我聽得見的地方這樣說。一間「快樂的教會」?

「對。」她續說。「一切都是那麼快樂，那麼愉快。傳道人在崇拜開頭跳著走上講台，露齒而笑，傻笑著，看來好像是服用了一些藥物之類。他是那麼難以忍受、不堪忍受般快樂。他說的每一句話都是『了不起！』，『這不是一首了不起的詩歌嗎？』，『我們的敬拜隊不是很了不起嗎？』，所有的音樂都是歡樂輕快的。一面在人生中經歷著艱難的時期，一面被迫在一間快樂的教會裏崇拜，那感覺就如同在地獄般。」

她令我想起我上次探訪一間無可救藥地「快樂的教會」的經驗。崇拜完畢，我們所有人面露笑容，在明媚的陽光下轉向泊車區，我不得不向牧師發問：「今天這裏沒有患癌症的人嗎？沒有婚姻失敗的人嗎？」

就如我所説的，我的教會在黑暗中辦得不那麼好。

這句從十字架上發出的黑暗的話、位於中間的第四言，是何等的言語，何等可怕、叫人驚怕的言辭：「我的神！我的神！為甚麼離棄我？」

這句話為十字架上其餘的話設定了背景。這句話把其餘的都聯絡在一起，把十架七言中的醜事揭露出來。遭遺棄、損失和被拋棄，懷疑的話，可不是我們期望神的兒子、這位彌賽亞、神的啟示會向神發出的話。第四言不可以是耶穌在十字架上發出的第一句話；假如它是第一句話的話，我懷疑我們會否留下來聽其餘的六句話。「我的神！我的神！為甚麼離棄我？」

耐人尋味的是，這些猛烈批評的話也是包含著希望的話。在我的人生旅途中——在黑暗和絕望的時期，到我要走過低谷的時候，真的，這低谷雖然不像耶穌在受難日所走過的那麼黑暗，但仍是黑暗的——我或會不加思索地脫口向神說出一些痛苦裏的話，但在我說過的話之中，沒有一句像這句那樣充滿著指控、憤怒和痛苦：「我的神！我的神！為甚麼離棄我？」

從耶穌口中聽見這些話，在這裏出現這些話，是極大的……安慰。

當然，你大概曉得，這些話不是耶穌發明的。是出自詩篇二十二篇，是耶穌背下的字句，很可能是耶穌在孩童時期於主日學校裏學的。這話可意譯為：「神啊，當我需要祢的時候，祢在哪裏？」耶穌所做的，正和我們在窮途末路之時經常做的一樣。那時，智謀耗盡，生命驅使我們回到記憶的幽深處。我們所能想起的是，孩提時期深藏在我們心中的東西——主禱文或詩篇二十三篇。這就是為甚麼教會必須教導兒童背誦聖經的其中一個原因。在那些江郎才盡的黑暗日子，我們無法思想，我們曾經記得的東西大部分都忘掉了，我們需要一些我們用心背下來的東西，一些我們想也不用想就能說出來的東西。故此耶穌重述了一個禱告，一個銘記在心的禱告，是祂還是小孩子時在主日學校裏學的一篇詩篇哀歌。「我的神，我的神！為甚麼離棄我？／為甚麼遠離不救我？不聽我唉哼的言語？」

奇怪的是，我們以詩篇二十三篇，而不是二十二篇教導我們的孩子。

耶穌和我們說過話以後，在垂死之際轉向祂的父並禱告。祂的禱告是這個禱告的大人版本：「此刻我躺下睡覺……如果我在醒來之前死了，我祈求主接收我的靈魂。」

耶穌在這個禱告裏提到天父所處的位置。祂曾經與天父是那麼的親密，因而可以說「我與父原為一」，「人看見了我，就是看見我的父」。此刻，到了最後，在黑暗和被遺棄的光景中，祂把自己與父區分，相隔一定的距離。這個禱告是說：「神啊，祢在哪裏？」在九一一事件之後的幾個禮拜，我想人們向信徒提出的許多問題的背後，是這個主要的問題：**九月十一日那天，神在哪裏？**

當暗中為害的罪犯把飛機對準兩座大樓，兩座大樓在毀滅與死亡的火海中倒下時，神在哪裏？這些字句只在我們處於絕境、無計可施、一切分崩離析，周圍變得黑暗時用的：「我的神！我的神！為甚麼離棄我？」

據我分析，這個問題：九月十一日那天，神在哪裏？——神怎麼能夠容讓這類事情發生；為甚麼神不採取行動制止；在這一切事上，神的目的是甚麼——答案很大程度上在於九月十一日那天，**我們**在哪裏。

也許你看過這齣電視紀錄片：《重災區中的信心與疑惑》（"Faith and Doubt at Ground Zero"）。看著各式各樣的人嘗試把他們在這災難性事件的經歷神學化，是一件很有趣的事。在他們不得不想到九一一的恐怖經歷時，他們大部分人都是根據他們之前對神的看法而想到九一一的神的。

對於那些認為神是全能而永遠不會讓真正倒霉的事發生在我們身上的人，他們所經歷的是幻想破滅。另一些人認為神是一個模糊的、遙遠的、沒人情味的觀念，因而想到一些模糊的、沒人情味的想法，並從中得著某種模糊的、沒人情味的、哲學性安慰。

然而，對於那些聽過這樣的話的人來説，他們的想法是由十字架上的第四言所模造的。在九月那個影響重大的星期二，神在哪裏？在四月那個影響重大的星期五，神去了哪裏。有人説，那是「我們的國家有史以來所遇到最糟糕的事」，他們或許説對了。對於這個國家來説，那確實是糟糕的事；在此之前，這國自以為是強大無比，絕對安全穩妥，完全清白無罪，為世人所愛的，現在才曉得事實並非如此。但就世界歷史來説，所發生過最糟糕的事，並不是在星期二早上於曼哈頓發生的事，而是在星期五下午於各各他發生的事。

在各各他，我們看見這位神用何等複雜的方式拯救我們，那是神與我們同在的一個奇特方式。在各各他，自有人類以來最優秀的一個人被懸掛在十字架上，忍受著公開的、羞辱的、死亡的痛苦，但父神卻沒有救神子脱離十字架，或救他脱離這痛苦的時刻。

為甚麼？可以看出，這位神對能力的看法較我們的複雜。這位神並不用我們的武器來取得勝利。這位神對**愛**的看法和我們感性的定義不一樣。這位神，這個神的兒子，並沒有受到保護免遭遇人生的可怕事情，而是親身經歷這一切。這位神是多麼的偉大，祂沒有輕看或拒絕神的兒女從最深的痛苦所發出的言語。祂必定是一位偉大的神，是可以以如此強硬的措辭向祂禱告的。一個人必須有深厚又大的信心，才能這樣誠實地向神禱告。

我的禱告大多是：「神啊給我這個，神啊賜我那個。神啊把我救出來、保守我、營救我、拯救我。」耶穌沒有求父救祂脱離險境，而是祈求祂的同在。這差不多是耶穌最後的禱告：「神啊，祢在哪裏？」

這位曾經與父那麼接近，以至於可以聲稱「我與父原為一」的，現在與父相隔一段距離。天父是公義、聖潔、非暴力、具創造力的，對於那件在各各他發生的不公義和血腥的惡事，祂絕不能以祂的臨在來祝福。故此天父派來祂的兒子；天父，如兒子般，堅決有力地進入了這個可怕的處境；兒子從絕望的深谷裏向父發出呼喊。我們進入了一個三一神的奧祕，深奧不可言喻，甚至連三一神具創造力的言詞也無法表達，因此神的兒子藉著聖靈，以引述詩篇來向神禱告。

真正稱得上是基督徒的禱告，最好的，是誠實的禱告：「神啊，保守我，使我不嘗試令祢根據我的觀點來管理世界。救我，使我不嘗試按照自己的意願來活出人生。使我像耶穌那樣俯首禱告：『讓祢的意願而不是我的意願得以成全。』」

這些強烈批評的言詞，是對神說話的方式嗎？那是耶穌的方式，是與父神最親密相交的那一位的方式。那是深藏在三一神心底裏一段深處的祕密談話。因此，這第四言是一個指標，不但顯示了在人最糟糕的處境中，沮喪而卑污的時候，神與我們相近，與我們同在，也顯示了神與我們相距很遠。在聽見這些可怕但說出了真相的話之前，我們或會以為，好像我們假設自己是神的時候所想的，神就是那樣——慈愛、憐憫人、替人設想和看顧人的，又是全能、非常超然、無所不能的官僚主義者；如果祂要施行祂的神聖，祂是能夠把一切矯正過來的。

在幾年前的聖誕海嘯之後，我們問了許多問題，在這些問題的核心，似乎是那種態度。「一位良善的神怎麼能夠容讓這樣的苦難和慘劇發生？」即是說：假如神是看顧人、憐憫人、替人設想的（又是無所不能、掌控和有大能的），就好像我假設**我**是神的時候那樣，那麼……我肯定不會容讓在我看管下發生任何苦難、不公正或慘劇——如果我是神的話。

但我們從耶穌的話，從我們所聽見、三一神心底裏私下的談話，從這十字架上的第四言——神啊祢為何丟棄我？——我們發現神一點也不像我們。我們與父神之間存在著極大的差異。我們人類那不足的比擬——神像我們一樣：看顧人、憐憫人和替人設想，只是如此——在我們與十字架上的神面對面的時候是不管用的。我們滿以為作為神的意思是大有能力，有矯正事物的能力，完全有自由去做那些我們極之想做的事，有讓世界正常操作的能力，使我們得益。

可是，此刻我們從這個禱告發現，神與我們之間是存在著一定距離的，即使是在我們最有能力最有憐憫的情況下。神是那個受苦的僕人，是被定罪以至於要在兩個賊之間像一條狗那樣死去的那一位，是自願被懸掛起來甘受公眾侮辱的那一位，是願意把兒子差來，讓所愛的兒子落在我們罪人的手中，為要照我們的本相收納我們的那一位。我們要求耶穌站起來，以神的身分採取行動，但祂只是被懸掛在那裏。於是我們發現，我們所謂的「神」，經常只是本丟·彼拉多的那種能力——武力、權勢、使人震驚和畏懼，為一堆口裏說是高尚但其實是自私的目的而採取暴力手段。有這麼一種感覺：我們向伊拉克開戰，跟我們慷慨救濟受颶風凱特蓮娜影響的災民，是出於同樣的理由：我們是那麼想把神沒有修整好的地方修整好。我們所作最壞的事和我們所作最好的事，大抵上都是出於同樣的理由。正如阿里士多德（Aristotle）在古時指出的，我們之所以打仗，是為了和平。

可是現在，星期五已過了一半，請看。耶穌稱為「父」的那一位並不是坐在天堂的寶座上，準備好自空中猝然降下，把一切修理好。聖父在那裏與聖子在一起，在十字架上，現和聖子進行親密的談話，因此和聖子有所不同。我們不想聽見那樣可怕的、令人驚怕的說話：「我的神，為甚麼丟棄我」，因為我們不想知道，這就是我們的神，祂操作世界的方式不總是因應我們的益處；這樣的一位神，當環境變得黑暗之時，不是馬上給我們開燈，而是來到我們那裏，在黑暗之中與我們一同被釘在十字架上，讓我們得以聽見三一神心底裏最親密的談話。

父與子藉賴聖靈的能力連為一體。但是由於天父無限的愛，祂把兒子差遣出去，到遠方我們這些罪人那裏。兒子離開天父，是為與那些放棄了天父的人親近，祂甘願冒著與父分離的危險，冒著不但是被丟棄，也是從祂的真正身分割裂出來的危險。兒子來到我們這裏，和我們十分接近，接近得承擔我們的罪性，承擔我們邪惡本性的衝擊。而天父呢，因為祂是全然公義、全然聖潔的，祂不能擁抱兒子所不顧一切、慈愛地擔負的罪，所以天父必須丟棄在十字架上的兒子，因為天父是既慈愛又公義的。在此，十字架上的這句話所涵蓋的，是不可思議的一件事：一種出於愛的分離，在全然慈愛、不可分割的三一神心中的一種分離。在這世界上，愛是造成人生中一些最大的悲劇的原因，而且我們知道，愛某人而不冒著因這愛而遭受痛苦的危險是不可能的。當然，那是以人來作比擬，是不適切的，但我們談論這樣一個奧祕的時候，是摸索著前進的。在兒子犧牲一事上，天父藉著聖靈犧牲的力量，作出了何等的犧牲。在十字架上的這一刻，於三一神心裏是一種真正的分離；又因為三一神本質上是不可分的，這犧牲的程度就巨大非常。這位因著公義和愛出來拯救我們的神所經驗的分離，是祂必須擔負的痛苦的一部分。

由是我們能夠理解，為甚麼在起初的時候，耶穌被釘十字架為祂的跟隨者造成了問題。有學者相信，最早宣講的福音並不認為耶穌的死有拯救的作用。例如，在使徒行傳二章23至24節彼得宣講的福音中，耶穌被釘是個悲劇，由於耶穌復活被扭轉過來：「你們……把他釘在十字架上……神卻……叫他復活。」不久之後，安提阿的伊格那丟（Ignatius of Antioch）不得不提出他的理據來駁倒主張幻影說的人（Docetists）；幻影說主張，在十字架上的耶穌只是似乎死了，祂不過是看來受苦（希臘文：*doceo*，意即看來）。一個真正受苦的、被釘十字架的彌賽亞，怎麼可能是那彌賽亞？我們喊道：「以色列的王基督，現在可以從十字架上下來，叫我們看見，就信了。」（可十五32）我們需要好些時間才認識到，正是藉著不從十字架上榮耀地下來，耶穌證明了祂確實是那位救主，祂榮耀地付出了一切，甘願冒一切危險來尋找和拯救失喪的人。只有這位深愛著以色列的神，一而再地為以色列冒險和受苦的神，才會被人發現死在十字架上。多個世紀以來，教會一直極為努力，要解釋我們是**如何**藉著十字架得著拯救，得以稱義，得與神接近及相和。各種關於救贖的理論複雜，給我們很少幫助。

但今天不是提出理論，解釋我們是**如何**靠賴十字架上的耶穌得救的時候。在這以十架七言為主的崇拜中，教會不是要就十字架的神學意義作出保羅式的默想，這崇拜主要只是講述那故事。今天是我們坐在這兒，注視十字架上的救恩的日子。我們應該欣賞、觀看、注視神的勝利，應該去體驗而不是理解它。

那麼，要是這位永活神由於祂對愛重新定下的令人震驚、血腥的定義，「不以自己與神同等為強奪的，反倒虛己，取了奴僕的形像；⋯⋯就自己卑微，存心順服，以至於死，且死在十字架上」（腓二6～8），那又如何？我們要祂做一些對我們有益的事、偉大的事，但祂只是掛在那裏，無能為力地，為世人所嘲笑，赤著身子，孤立無助，現正在痛苦之中向那位被認為應該拯救祂的神呼喊，藉著不去拯救而拯救，不去救助而救助，藉放棄而擁有，藉著成為不同的一位而與我們相近，在十足的軟弱中有真正的能力，引述一句人人都早已曉得的天真禱告。

聆聽耶穌對神的禱告（那差不多是祂最後的禱告），你就能學會許多有關於一位非常奇特的神的事情。

在早前一個陽光較燦爛的日子，還在加利利的時候，一個溫暖的夏日，耶穌的門徒請求祂：「主，教我們禱告，像約翰教導他的門徒那樣。」耶穌的回應是教導他們一篇禱文：「我們在天上的父⋯⋯」

此刻，到了最後，天色漸深沉的時候，祂教導我們另一篇禱文：「我們在地獄的父⋯⋯」

第五言

"I thirst."

事實是，主，我們之所以隨著大夥兒前來，因為我們以為，整個戲劇性事件會是富啟發性的。我們艱難地走上那小山崗，因為我們以為，那或會引向一種真正處於高峯的經驗。我們近來感到有點憂鬱、有幾分心情低落，巴不得心情可以好一點。我們以為那或會為我們對人生的意義和目的帶來新的感受。畢竟，宗教所關乎的事情豈不就是這些嗎？

坦白説，如果我們早知道我們現在才知道的事情——那種咬牙切齒、那打斷了的骨頭、湧流的血、那叫喊聲以及其他的一切——我們大概會留在家中，觀看信心與價值頻道（Faith and Values Channel）上的一些電視節目。

事實是，很難看見這會對我們有甚麼好處，又或，這會如何幫助我們對世界更有責任感，或對人類有更深的愛，或甚至對自己的價值有正面看法。

我們開始想知道，我們怎樣能夠在日常生活中運用這一切。我們已經有夠多的問題，毋須祢要我們注視更多令人不快的事。坦白説，這其中一些事情是難以理解的，而那豈不正是講道的目的嗎？使祢變得較容易理解？阿們。

第五言

「我渴了。」

約翰福音十九章 28 至 29 節

當我還是小孩子時，彪形大漢約翰．他泊士（John Tarbox）經營一間藥房，住在與藥房相鄰的一所小房子內。一個星期六，約翰提早回家，竟發現妻子撒拉（Sara）與另一個男人在牀上。據說，他看見了就衝進浴室，拿出筆直的剃鬚刀，往自己的喉嚨割去，整個人倒臥在前院。撒拉尖叫著跑出來，披著紅色的晨衣，在他死的一刻把他擁進懷裏。後來，有人問起，撒拉說約翰的遺言是：「我很口渴。」

我對約翰．他泊士又怕又尊敬，我們夏天到他的藥房買刨冰的時候，他總是不客氣地對待我們。我聽見他血腥地死去，印象最深刻的是他所說的最後一句話：我很口渴。對我這麼一個小孩子來說，真難以想像那麼一個大個子會渴死。

神的兒子、三一神的第二位會感到口渴，怎麼可能？我們思想耶穌在十字架上說的前一句話之時，所處理的是神學。現在，耶穌苟延殘喘，流血至死，情況就變得與身體有關。「我渴了。」

十字架上的第五言耐人尋味地是關乎肉體、身體、軀體的一句庸俗話：「我渴了。」這句話在星期四說比較合適；當時，是復活節前一週的一個高峯，我們在餐桌上與耶穌共聚，發揮最屬肉體的功能：吃和喝。當時候來到，耶穌要講最後一課，要作出講道式的總結，要概括重點，耶穌說出那關乎肉體的話：「吃些餅，喝點酒。」

耶穌，這成了肉身的道、神道成肉身，怎麼會把屬肉體的事與屬靈的事，屬地的事與屬天的事混淆了。在十字架上，我們遇見莊嚴的福音書中最可怕、關於身體的事件。有人或會想到，基督教是「屬靈的」東西，虛無縹緲，漂向一處想像中的地方，直至我們凝視這個可憐的身體，釘子穿過肌腱，在垂死的痛苦中撐起，在十字架上流血和汗，都是為了我們。

掛在十字架上的耶穌，先是向父說話，祈求赦罪，然後引述詩篇二十二篇，並且親切地向母親和那個賊說話，現在呢，祂說出只關乎身體上的、個人的需要。這是祂首次提及自己的語句。「我渴了。」

作為傳道人，對於身體上的需要打擾那本來是神聖的行動，我有時候因而感驚訝。

我記得一次以十架七言為主的崇拜長達三小時，我在其中講道。雖然作為東道主的牧師早已忠告了我，但對於參加是次崇拜我還是準備不足。我的講章、我的概念已經準備好，但我的肉體卻沒有準備好。我的意思是說，我在崇拜中坐在那裏差不多兩個小時之後，到了大約一時半或一時四十五分，我終於站起來，要傳講這一句：「我渴了。」當時我真想說：「我口渴了。不，說實在的，可會有人給我一杯水？我感到口渴。」

我又想起我曾在一間教會講道，成員主要是美國黑人。崇拜在早上十一時開始，但是因有多次獻詩，又為不同的用途收取幾次獻金，加上該會牧師的默想，到了下午一點鐘以後，我才站起來講道。那時刻，我的問題不是口渴，而是我在崇拜之前喝了三杯咖啡……啊，不管怎樣，有一點關於我們的，就是當我們著手於我們多麼屬靈的嘗試時，我們發現，不管我們有高尚的思想或屬靈美德，我們只是**受造物**；為這發現，我們真感到驚訝。

說到耶穌，有一點關於我們這些受造物的，就是我們想把耶穌變成**非**道成肉身的神。這就是耶穌：一個偉大的屬靈領袖，一個充滿智慧的、了不起的教師，一個其中一些最高尚看法的供給者。那樣子我們就能把祂維持在一個超然的、高高在上的位置，漂浮在生活的骯髒細節之上。祂之於我們，就如柏拉圖對我們的意義一般。祂可以是單單地**屬靈的**，而因此與我們無關。

可是，目前卻不是這樣。耶穌在與神談話之後談到祂自己。「我渴了。」跟所有幻影說極端派相反，這些語句迫使我們面對耶穌是在肉身之內的這個現實。祂受苦是真實的。淌流的血、汗，撕裂的肉。是真實的。

在校園裏有人說：「這些日子人們對屬靈的事物那麼感興趣，你認為那不是美好的事嗎？」

「我不曉得這些，也肯定不會為此感到興奮。我是基督徒。我們不是屬靈的。我們是進入物質世界之內的。你支持**道成肉身**嗎？」

我記得一次特別糟糕的講道（以及在各處的婚禮）。講員是來自浸信會的傳道人。他似乎認為，每一次講道，不論經文為何、場合為何，都應該把整個救恩歷史重述一遍，從創世記到啟示錄，以耶穌在十字架上的犧牲和代贖為高潮。他的講章用大部分篇幅去描述釘十字架一事是何等恐怖，繪形繪聲。當他描述那些釘子穿過耶穌的手時，我可以從我所坐的位置看見會眾的反應，他們似乎有點兒噁心。「你有沒有想過，把釘子釘穿人的手是怎麼樣的？」他咆哮道。那槍刺進肋旁，有血和水流出來。荊棘冠冕，單是鞭打就足以使許多人死去，這一切耶穌都受過。

在我看來，這一切繪形繪聲的、身體上的描述是過分了。叫人苦惱。可是，還得讚賞的一點是，我知道講員是在應付像我們一類的人，就是我們這些竭盡全力要超越我們「在肉體裏」（“in-carnality”）的屬靈人。畢竟，我們出席婚禮，是見證一對新人已準備好隨著他們心中所感覺的來對待他們的身體；舉行婚禮，新人走進教堂就如性交的前奏。

基督教信仰一直忙於教導像我們一類的人：如果我們要與神相會，我們會在肉身之內與神相會。我們住在有空調設備的家裏。在任何時刻，我們數以百萬計的人都在服用藥物，使我們對身體痛楚和存在的經驗變得麻木。我感覺痛楚，我服一顆藥丸，然後就自己肉體的本質，自己欺騙自己。

我有一個朋友，他拒絕觀看有關於大自然的電視節目，甚至連國家地理（National Geographic）有關河馬生存的特輯都不肯看。他稱那些是「利用大自然的節目」。他認為觀看老虎捕獵和殺害一匹斑馬，或觀看鱷魚吞吃一頭水牛，都會使我們的道德虛弱。我說：「哦，這就是大自然，利用牙齒和爪甲捕食的大自然。」他不為所動。他認為，我們這些現代人，已經看過數以百萬計這類「大自然」的暴力和殺戮鏡頭，變得無動於中了。現在，在我們裏面，再沒有甚麼會為猛獸咬碎骨頭的嘴和撕開血淋淋的肉所打動了。那只不過是另一個黃昏節目。

他的理據可以作為逃避觀看傍晚新聞的一個好理由。當你看過你第一千個孩子坐在約旦河西岸的一堆瓦礫裏，她住的村子變成頹垣敗瓦以後；當你第二百次看到在伊拉克的一個鎮上，我們的炸彈擊中一個母親的房子，她一面尖叫，一面抱著嬰兒跑過街道以後，你就開始不為同情心所牽動，你變得麻木了。

為免我們會嘗試這樣看待耶穌受苦，祂喊出這些字句：「我渴了。」

我想，這就是福音書之所以在描述耶穌被釘十字架一事上，相對來說是那麼簡潔的原因之一——並沒有如梅爾·吉布森的《受難曲》(*Passion*)那種赤裸的、感性的流血畫面。福音書只是報道：「他們做了這」、「他們做了那」，沒有進一步的血腥細節。留下大片的空白讓我們想像，幾乎沒有機會讓我們就我們的殘酷手段大做文章。現在，除了這簡單的「我渴了」之外，再沒有其他。

在洪都拉斯，一個備受尊崇、同時是虔誠天主教徒的外科醫生，有一天在診所裏抱起一個赤裸的小男孩，才不過四五歲的一個孩子，要我摸一下他那發脹的肚子。醫生眼裏含著淚水，說：「這個小男孩嚴重營養不良，活不過一個月。他那細小空洞的肚子差不多是我所見過最令人厭惡的東西。」

只有對成為肉身的神進行聖禮崇拜，才會教像他這樣一個現代的西方人認識到，飢餓對人類所造成的令人厭惡的影響。

耶穌多次提到祂是最終的解渴者，從這觀點看，第五言是耐人尋味的。耶穌多次聲稱「信我的人永不會渴」(約四14，六35)。祂說，你口渴的話，到我這裏來吧(約七37)。解渴者現在感到口渴？這句「我渴了」的意思，一定不只是說耶穌到底不但是神，也是人這麼簡單。因祂這句「我渴了」，我們可能處於耶穌神性的中心，這神性是使耶穌之所以是神，使祂與神合一的，使祂因此和我們大不同。

聖經中的「渴」通常不只是要喝水。聖經中的渴是渴望、渴想、極渴想一些事情。耶穌在登山寶訓的開頭就某種神聖的渴想而賜福予人。「飢渴慕義的人有福了！」(太五6)那些要神的旨意成就在地如同在天的人有福了；他們盼望神的旨意成就，如同在荒漠度過一個星期之後渴望飲水那樣。詩人說：「我的心渴想神，就是永生神。」(詩四十二2)

此刻我想起我在年少時炎熱和乾燥的一天，到山上遠足。路途又長又艱難，我們走過塵土飛揚的小徑。我們全部人都遵照指示帶備了水，但是走了才一個小時多，所有水都喝光了。我們還有差不多一個小時的路要走。後來我們終於遇見一條山澗，各人都飛奔過去，一到達小溪就往前衝，你推我撞，頭往下栽，不斷舔水，像口渴的牲畜。

我在洪都拉斯的一個村子裏，見過勇敢的婦女背著錫造的大型水罐，日復一日地，艱難地走到陡峭的山上，渴望的是為她們的家人供應維持生命的水。

在新奧爾良，颶風凱特蓮娜肆虐過後，市內發生騷動，負責的上將說：「你不給人們可飲用的水，他們會為求獲得一口水，毀了這城。」

耶穌賜福給那些這樣渴慕神的義的人。祂賜福給那些渴望與神同在，以至於被這渴望吞沒的人，那些渴望看見神旨意成就在地如同在天的人。

魯益師(C. S. Lewis)說，我們許多人的問題不是我們太壞了，而是我們「太容易被討好」。我們太過滿足於現狀，對現況作出太多的調適和遷就，並不感到「口渴」。對我們來說，一個人若是太熱切、太專注於追求某件事物，那就表示他不夠成熟。成熟的人懂得退後一步、懂得平衡並作出冷靜的判斷。我們大多數人渴望生活平靜均衡，安詳滿足。可是那只是佛陀的生活方式，不是耶穌的。耶穌賜福給那些像口渴的動物那樣渴慕神的人。

見過真正渴慕義的人嗎？我曾經參加賓夕法尼亞州彌賽亞大學（Messiah College）一個論公義與靈性的會議。我們一羣學者和學生用幾天時間聚在一起，討論聖經中有關公義的概念，就以色列的先知和他們的意義舉辦了一些歷史研究講座。第二天將近結束的時候，在一個以「保羅書信中的公義」（"*Dikaiosune* in the Letters of Paul"）為題的專題討論會上，一個二年級學生從他的座位站起來，高聲說：「你們這些人知不知道以色列在佔領區幹甚麼？我剛從拉姆安拉（Ramallah；譯按：巴勒斯坦政府所在地）回來。我們在這裏坐著，談論公義的問題，袖手旁觀，對那裏的苦難和不公不聞不問！」

我們告訴那個學生，這樣火爆的言論在學術會議上是不受歡迎的。我們勸他要表現得理性些，要顧及有關議題的各個方面，不要偏執於其中一面；要退後一步、冷靜、緩和下來，表現得理智些。

他一發不可收拾，幾乎要為所謂的公義犧牲性命，渴求得到惟有神才能給予的一杯飲品。

奧古斯丁說：「我們的心焦慮不安（即口渴難當），直到在祢那裏找到安息。」

此刻，在十字架下，我們不是在池子的淺水區潑水。此刻，就連最自滿的人也知道，耶穌已經領我們進入深水區。在此，宗教明顯不只是「屬靈」的東西，不只是一個振奮人心的思想或高尚的概念，供我們圍坐討論一番，然後回家便忘了。在此，宗教以某種方法抓住了我們整個人，把我們吞滅，使我們失去平衡，要求我們給它最後一口氣。耶穌說：「我渴了。」

在我們裏面有一種焦慮、枯乾的感覺，只有神，永生神，才能使它緩和。當耶穌在深沉的痛苦之中，在祂口渴之時，他們把蘸了醋的海綿縛在桿子上遞給祂。但耶穌渴求的不只是水。耶穌深深地渴求神的旨意成就在地如同在天，渴求神的義圓滿實現。這種神聖的渴求惟有藉著舉起血紅色的救恩之杯，一飲而盡，才能得到紓緩。

可是，也許耶穌所談論的不是**我們的**飢渴。祂說的是「我」渴了。不是你，不是我，祂說的是：「**我**渴了。」全能的神、天父的兒子渴了。嘲笑祂的兵丁送給祂一塊蘸了醋的海綿，只為在祂口渴的時候輕蔑祂。

不過，也許耶穌不是因要喝水而感到口渴，也許祂渴求的是祂的公義。也許祂渴求的是**我們**。對聖經的不少內容，那是一個相當不錯的概括——神是為我們而這樣，不是嗎？神定意——藉著創造、藉先知的話語、藉教導律法、藉基督的降生——要與我們接近。神有這個無法抒解的渴求，就是要得著我們，即使是我們。

對不起，如果你認為，當我們說到「神」的時候，我們的心目中是想到某些沒人情味的能力，某些不偏不倚、公正嚴明的官僚主義者，擅長於在永恆之內一個安全距離小心地執行自然律的話。我們的神是極其親切、毫無保留地親切的。以色列的神、教會的神，拒絕作為一種抽象化的觀念、一個概述。據聖經所載，神會發怒，會改變主意，會出言威嚇，會許下諾言，又會施行懲罰。只有人才會做這些事；當我們做這些事的時候，就是顯出我們的個人價值，而不是我們骯髒的、以人類為中心的缺陷。

那就是我們說「耶穌是主」或「耶穌是神的獨生子」所包含的意思之一。我們的意思是說，這位神是親切的、可以與我們接觸、與我們同在的，我們因此感到震驚。我們這樣說，絕對沒有減損父神豐富的神性。有一些所謂神明是不能冒這個險來與我們親近的。我們是兇手，習慣殺害那些想要拯救我們的。因為我們是那麼想做自己的神，我們會粗暴對待任何想要統治我們的。因此，大多數「神明」都藉著抽象化和概述，小心與我們保持距離。

這位為以色列和教會所認識的三一神是那麼的偉大，祂能夠表現得徹底地親切，與我們接觸，與我們同在。這位神是不講求平衡，不會有所保留的。這位神渴求得著我們，全心全意地把自己交給我們，不嫌尷尬地與我們親近。十字架與我們、真正的我們是最接近的。

當基督徒說神是超越或遙不可及的時候，我們想要說的正是這一點。神的隱藏性正在於祂以十字架上的神的身分，在不遠處作出自我揭示。神與我們所期望的神明不一樣，因此對我們來說，神是隱藏的。我們不能理解十字架上的神，因我們假定，如果有一位真神的話，這個神必定與我們距離很遠，不是在此時此地出現在我們眼前，赤裸著、暴露在我們的目光之下、被掛在十字架上。我是說，耶穌說「我渴了」，是以另一種方式揭示神的這個特點：神把自己交給我們，完全是我們可以得到的。

故此，在詩篇二十三篇裏，當詩人說，就是我們大部分譯本裏的「我一生一世必有恩惠慈愛隨著我，我且要住在耶和華的殿中，直到永遠」，我發現很多時譯作「隨」的希伯來字，也可譯作「追趕」。事實上，在舊約的好些經文裏，那正是該字的譯法。「敵人追趕我們。」

那當然以不一樣的方式為神的恩惠慈愛加添了色彩。你一生有恩惠慈愛跟在後面是一回事，而正當你以為你終於得倚靠自己的時候，卻有恩惠和慈愛潛步跟蹤、追蹤著你，把你逼入死角，那又完全是另一回事。看我們，我們是多麼的自滿自足和自由，但當我們爬到山上，才發現血淋淋的十字架上有恩惠和慈愛使我們驚訝。

不管我們盡多大努力，我們總不能往上一直爬到神那裏。於是神怎樣做？在受苦節，神採取一個叫人驚訝的屈尊降卑行動，就是往下爬，到我們這裏來，與我們合一。神屈尊降卑始於聖誕節，結束於受苦節。我們以為，如果要與神拉上關係的話，我們得設法上升到神那裏。後來神下來，下降到十字架的層次，一直下降到地獄的深處。不曾體驗罪的祂背負了我們的罪，好讓我們脫離罪。現在神仍在你我的生命中俯身彎腰，降格相從。

在上各各他之前，祂問門徒：「我要喝的杯，你們能喝嗎？」我們的答案是明顯的「不！」，祂的杯不只是釘十字架和死亡的杯，那是染滿血的杯。誰要與我們打成一片，誰就得喝這杯。凡是會闖入人類狀況的神，凡是渴望追趕我們的神，最好不要被痛苦所攔阻，因為我們是習慣這樣待我們的拯救者的。凡是力圖愛我們的神，最好準備好為此而死。

正如柴斯特頓（G. K. Chesterton）所寫的：「凡傳講真愛的人，免不了招來憎恨……真愛總是以流血結束的。」[1]

在同一卷福音書的較早部分，作者說：「這道——神永恆的道——成為了肉身，來住在我們中間，我們也見過他的榮光。」（作者意譯經文）這道——神的基督——看見這樣不顧危險的舉動結束在何處：在十字架。祂說：「我渴想，我渴望與你同享筵席，請看——如果你敢的話——那將引領我到哪裏去。」

多年前，我在瑞典一間神學院授課，一個學生問：「你真的認為，耶穌基督是我們通到神那裏的惟一途徑嗎？」

我深思著回答：「我只可以這麼說：如果你是在南卡羅來納州出生，住在喬治．布殊（George W. Bush）統治下的美國，答案是肯定的。確實沒有另一個途徑，可以讓像我這樣的一個人通到神那裏去——除了這位為了到我這裏來而不介意流一點血，感覺一點略為灰色的驚懼與震顫的救主之外。一個令人愉快的、講求平衡的救主不能為一個像我這樣的人幫上甚麼忙。我需要一個狂熱者，譬如耶穌，因為我們已經說明，當我們的安全受威脅的時候，我們是何等地殘忍得可怕和瘋狂。有歷史為證，我們曾經多次殺害拯救我們的。所以，我根本不能想像，在耶穌以外還有甚麼通往神那裏去的途徑。」

今天，神在這個困境裏，因為神是那麼的渴想我們。

註釋

1. G. K. Chesterton, *Orthodoxy* (New York: Doubleday, 1990), 143.

第六言

"It is finished."

主，我們今天需要的是這些——可以立即或是盡快得到滿足的需要：我們要世界和平，繁榮安全，不需要冒險的人生，沒有痛苦的享樂，不用付代價的幸福，和沒有十字架的門徒生活。那就是為甚麼我們來到這裏——教會，讓我們的需要得到滿足。我們的教會力求方便用家，體貼來者的需要。那就是為甚麼我們在崇拜之前先喝一杯加上一點苦杏酒的意大利濃縮咖啡，靠小量的咖啡因提提神，然後才進入崇拜的主體：禱告祈求的部分。因此，就像我們一向的禱告，我們需要在切除膽囊手術後迅速復原，毫不費力割除白內障，幸福的婚姻，聽話和思想行為表現正派的孩子，以及一個讓我們早上能以起牀的理由。要是祢愛我們的話，祢會滿足我們的需要。

好了，現在我們可以為祢做些甚麼嗎？

祢渴了？哦，既然祢是彌賽亞，那祢為甚麼不給自己準備一杯屬天的飲料？我們有自己的需要，謝謝。我們的本分是提出需要，而祢呢，去迎合需要是祢該做的事。

為這個以及其他一切的需要，說出口的和沒說出口的，注意到的和尚未注意到的，剛出現的和明顯的，個人的與集體的、眼前的和長遠的需要，我們禱告。阿們。

第六言

「成了！」

約翰福音十九章 30 節

第六言是關於事情得以完成和問題得解決的一句話。「成了！」當耶穌在十字架上說：「成了！」(譯按：按英文的意思可以譯作「完了」。) 這話可理解為一句表示無望投降、最終退讓的協議。我放棄了。可以作這樣的理解。雖然大部分犯人需要較長時間才死在十字架上，但耶穌痛苦地懸掛在十字架上的幾個鐘頭內，確實打了好一場仗。也許這些字句表明了祂最終態度軟化了，祂屈服了。

投降也可以有它的優點。不久之前，我聽一個股票市場分析員說，要沽出一種正在虧損的股票需要一個具備勇氣的投資者。他說，大部分投資者都寧可繼續持有一種慣常虧損的股票而不肯沽出，因為股票虧損的痛苦，較之要承認你當初買那種股票是愚笨之舉的痛苦要輕得多。只有真正聰敏、真正有勇氣和有德行的投資者才會曉得，何時收手，何時投降，何時該說「我犯了愚蠢的錯誤」。這是不是耶穌在這裏所做的事？

只要它一天還未完結，那是一個很好的活動；耶穌已盡力給予最好的一擊。也許，假如祂在挑選門徒上多一點苛求，或者祂會得到較優秀的門徒。假如祂更願意向彼拉多提出和解的話，也許事情就會稍有進展。可現在，事情完了。劇情告終。

可是，當我聆聽這句話——在最後一言之前的第六言——我是抱著另一種看法的。在我聽來，這句話是表示取得成就和完工。在我聽來，它正是米開朗基羅（Michelangelo）為西斯廷教堂（Sistine Chapel）的頂篷畫上最後一筆之時，口中所出的話。耶穌已打完那美好的仗；不論那些士兵、政客，和他眼前咆哮的羣眾有何想法，更不論祂的門徒有何想法，祂總是成功了。祂把事情辦妥了。祂不是說：「我完了。」祂是說：「**事情**做完了。」祂的工作已經完成。「他將命傾倒，以致於死；他也被列在罪犯之中。他卻擔當多人的罪，又為罪犯代求。」（賽五十三 12）耶穌並非以一個失敗革命分子的身分死去；祂的死才是一場真正的革命。

多年前，我完成了一本關於神職人員耗盡的書。我訪問了大量停止了牧會的神職人員。一位牧者說，他發現牧養教會令人最感虛弱的其中一點是：「總是沒完沒了。」總是有講章等著要寫，有書等著要看，有受傷的會友等著要探訪和輔導。

「天哪，我多麼羨慕房屋油漆工人！」另一位前任牧者說。「他們可以實際看見工作的成果。他們的工作得以完成！」有完結的一天，能夠說事情已經做完了、過去了，是多麼快樂的事！那是我在學校生活裏最喜愛的事情之一：畢業禮。不管該年度多麼差勁，不管我教過多少個叫人失望的學生，又或我講了多少堂糟糕的課，五月的那一天——當**一切都過去了**的那一天——總會來到。

今天，有一件工作已經完成了，那是耶穌起初並沒有存著雄心壯志去做的工作。祂曾在客西馬尼園祈求天父把這杯撤去。祂不想死。然而，當祂清楚明白到，那確實是父的意思時，這本來與聖父及聖靈連為一體的聖子，就前去迎接十字架。祂由始至終忍受著，一點也沒退縮。祂直接承受加諸祂身上的重擊；現在一切已經完成了，很快會有長久的靜默。過去曾經以講章打動人心的傳道者，祂的生命將要結束。

我們與神之間的瓜葛，始於伊甸園的不快感覺，那種要作我們自己的神的傾向，我們的悖逆，我們牢牢地握著的那股暴烈傲氣，那罪——那一切都將要以一個行動，而不是以言語來對付的東西。耶穌快將為我們做成我們不能——一次又一次地顯明了我們是不能——為自己做到的事情。我們快將得知，作主的門徒首先不是關乎我們為神作甚麼，而是關乎神為我們作成了甚麼。

這位神會做決定、前進、採取行動、受苦、做完和成就事情，祂跟我們從時下的主流基督教所聽見的、相當溫馴、軟弱無力、自然神論的神有多大的分別！我們編造了一個神，祂在創世記一章創造了世界，之後就退休了。我們能夠接受的神也就是這麼多。

自然神論的神雖然或會對人充滿同情和關愛，但祂決不是積極主動的。請聽我們的禱告，其內容大都是關乎我們自己的：

「主啊，幫助我們看見，我們如何能盡責把世界變得更美好。把我們的責任羅列在我們眼前，並給我們力量，使世界處於正確的狀態。」

我們不會以祈求來打擾神，因為在這現代世界裏，我們已成為我們自己的神。

一位朋友向我指出，在路加福音一章所謂馬利亞的尊主頌裏，全是用過去式的！馬利亞歌唱道：「我心尊主為大……他顧念了……那有權能的成就了……他趕散了狂傲的人……他叫有權柄的失位……高舉了卑賤的」（路一46～52）。

馬利亞是那麼有把握地相信，她的神是會主動工作的。神堅決地要為我們做出我們永不能為自己做到的事情；對於這一點，她充滿了信心，因此她全用過去式來歌唱！

「並且我為羊捨命……沒有人奪我的命去，是我自己捨的。我有權柄捨了，也有權柄取回來。這是我從我父所受的命令。」（約十15～18）

雖然我們看不見祂成全之工——我們所能看見的只

是恐怖和血、被打敗的耶穌和祂的死——雖然當我們抬頭看十字架時，只看見最後一幕、結局和損失，但是不管我們如何，有一件壯麗和榮耀的事正在成就。不需要你忙於盡力嘗試與神修好。只要靜靜地坐在那裏，觀看耶穌死時所做的事。事情已經做完。

早前，祂還在路上的時候說：「我有該受的洗禮，現在我是怎樣地受著限制，直到它成就為止。」(作者意譯經文)哦，當時我們不知道祂說的是甚麼，現在我們知道了。祂是說祂的工作將要成就、完成、圓滿地實現；祂是說祂的死。現在這洗禮——祂的死——已經完成了。

福音書所呈現的耶穌是到處走動最多、最狂熱的教師。祂老是換地方，從來不會在一個地方長久落腳。這裏說一句話，那裏講一個故事，然後就起程到別處去。現在呢，祂靜止不動了。

祂是怎樣說出「成了」這話呢？我想祂不是帶著戰敗的口吻說的——我已經盡力做到最好，現在我放棄、投降、進入死亡了——而是帶著勝利的口吻說的——我已戰鬥完了，挫敗了撒但，現在我已把工作漂亮地做完了。那承擔以色列的罪的代罪羊，一度被趕到曠野，死在曠野，現在成為了神的羔羊，被趕回神的寶座上，替全世界的人贖罪。

正如保羅所說，神使那惟一一個沒犯過罪的義者背負了我們一切的罪，好叫我們這些罪人能以成為神的義(林前一30)。不要要求我解釋這深奧的思想，你不是必須要理解它的，今天只要坐在那裏，觀看它。

就如我們在古老的聖餐禱告裏說的：「祂為全世界的罪，在那裏替我們獻上一頭完整、充足而完美的祭牲。」神在那麼久之前在我們身上開始了的工作，現在做完了。神既已創造了我們，也以各種各樣的方式愛我們，就定意要回到我們身邊。現在祂回到我們身邊；成了。

啊，你們這些目的導向、不斷往上爬、為自己訂立目標，成就高人一等的人，聽著：祂做到了我們不能做到的事情。既然我們不能往上爬到神那裏，神就往下爬到我們這裏，到達我們的層次；此刻，在耶穌被釘十字架的血腥和不公的事件上，我們終於下降到我們的層次。神做完了祂開始的事。成了。

現在，我們必須做甚麼？沒有必須做的事。

我們從今天的課堂學會甚麼？沒有學會的事。

我們在黃昏之前應該為神做甚麼？沒有可為神做的事。你沒聽到嗎？祂說：「成了。」

我想起在《夢幻巴士》（*The Great Divorce*）中，魯益師寫的一個故事。其中說到，有一個主教（！）死了，他發現自己在一處陌生的地方下了公車。「歡迎到天堂來！」有人對他說。主教馬上向那個似乎是負責人的表明了身分，隨即問道：「我們會在哪兒聚集開會？」（主教都有開會癮。）回答道，不會有會議。「啊，一定要開會的。有必須做的工作、有必須做成的好事、有必須處理的問題。我們是盡責的人，有當盡的責任。幾時開會？」

沒有會議，沒有要做的工作，沒有要履行的責任。都做完了。過去了。成就了。神已經做完了，全是為了我們。

故事的結局是，主教上了一輛開往地獄的公車，他巴不得到那裏去忙碌起來。天堂是享受蒙福的安息的地方，而地獄則是工作永遠做不完的地方。

我承認，當我想到我母會——循道宗教會——的崇拜時，浮現在我腦海中的圖畫是：有一羣人帶著筆記本子到教會來，好寫下本週要學的功課。

講員說：「教會啊，這個禮拜要對付你們的種族歧視、性別歧視，和你們的態度。下個禮拜回來，我會給你們新的功課。」

難怪崇拜完畢，我們離開教會之時，感到較我們來到之時更加憂鬱，擔子更重。

講的完全是關乎我們的事。要結清我們與神之間的帳單全在乎我們的行動，不然的話，它們就無法付清。那全是關乎我們的。

我看過一篇由一個受歡迎的講員寫的講章，題目是「如何從崇拜得著更多」。他列舉八條原則，遵守這些原則就能使崇拜在你的靈魂內發生。他勸道：「你投放多少在崇拜上，你從中得著的也就有多少。」

簡直沒有提到神會做的任何事。講的全是關乎我們這一方的。

希伯來書講說那位偉大的屬天大祭司，祂在獻上那頭完全、完美、最後的祭牲之後就坐下了(來十 12)。大部分祭司都必定是忙於做好事，快步來回於人民和祭壇之間，不斷在獻祭、工作的，在受苦節當天主持三個小時的崇拜，為復活節做好準備，有份於建立我們與神之間的關係。但這個偉大的大祭司呢，希伯來書說，當祂做完了一切之後，就坐下了。祂坐下來是因為工作已經完成。假如世人知道，十字架這個表示羞辱和被打敗的記號，其實是神最大的勝利的話，世人就得以與神和好了。我們這些忙個不亦樂乎的罪人，忙於進行我們的屬靈操練、我們的宗教儀式，忙於應付目的導向的教會、取得道德方面的成就(任何人要是肯來參加一個三小時的崇拜，並且是在星期五來的，他必定是個善於做乖孩子的人!)，我們今天在忙碌之中被迫坐下來休息、知道祂是神，被迫靜下來，只是去欣賞祂代替我們完成了的奇妙工作。今天我們來到教會，本打算如常地繼續修復我們與神的關係，可竟被教會吩咐，甚麼都不要做，只要安靜坐著，聆聽。

我們與神之間的瓜葛始於伊甸園，因我們起初選擇了我們的意願而非神的意願，因我們反叛而決不回頭;與神之間這瓜葛延綿了許多年，歷代以來我們總是轉離神。在今天這重大的日子，我們與神之間的關係被修復了，完成了。所以，你們一切狂熱的屬靈好事者，一切焦慮的、目的導向的、想做好事的人要聽著:我們與神之間的糟糕關係，只能由神去完成。我們所積欠的債務不能由我們來還清。好消息是:戰爭完了。仗打贏了。債務清還了。成了。

第七言

"Father, into thy hands I commend my spirit."

也許，主耶穌，藉著這個禱告，藉著看這本書，藉著對這篇講章加以真正的留心，藉著把它寫下來，我們能夠明白祢的犧牲和我們的救贖。今天這奇怪的日子，我們目睹的血塊，神被釘在十字架上的奇特，祢在十架七言所說的話裏其中所有的不協調，在在都趨向說明一點：我們遇到一個理解上的危機。當我們詢問為甚麼的時候，我們期望得到答案。此刻，是結束的時候了，我們還沒聽到一個真正令人滿意的答案。沒有答案，我們是不會回家的。

我們想知道，好讓我們能夠把我們的世界管理得更有秩序，好讓我們能夠從這令人迷惘的不可思議之事理出一個頭緒來，然後將之命名，把它裝入盒子內，以簡報演繹它，然後繼續我們的生活。對我們來說，知識就是控制權，而我們多麼想要控制一切。

話說回來，祢不是把我們造成有知覺的存有嗎？祢給了我們把事物概念化的恩賜，以及去理解事物的天賦。我們不是在誇口，但祢不認為我們把一切事物都解釋得頭頭是道嗎？我們有行之有效的認識論的方法。我們能夠發現建立真正的大教會的鑰匙。我們能夠確定生命的意義。我們能夠背出基督教信仰的九個基本信念，說得出成功教會的六個目的、我們死前要記得的首要三件事。我們能夠找到令婚姻美滿的竅門，我們能夠發現通向更美好的明天的捷徑。我們能夠找到從這裏到那裏的必勝之路，能夠掌握平息一切解釋上的爭論的無敵論據。我們能夠，只要我們相信我們是能夠的。

謝謝你，耶穌，因為祢讓我們出生於一個既開通又進步的文化，諸如巴沙迪納市（Pasadena）或皮奧里亞縣（Peoria）。我們有豐富的知識，非常豐富的知識。阿們。

續禱：主，另一方面，我們一旦思想它，如果我們能夠解釋它、理解它、明白十字架，那麼我們就不再需要信靠祢了。主啊，求祢不只是作我們的一個解釋。作我們的拯救。把我們從要得到最後解釋的慾望救出來。救我們脫離最好和最壞的自我；替我們做成我們在罪中不能為自己做到的事。儘管來拯救我們吧，不論祢需要做的是甚麼。阿們。

第七言

「父啊！我將我的靈魂交在你手裏。」

路加福音二十三章 46 至 49 節

那是一齣戲劇，後來拍成電影，由赫德（William Hurt）演出，片名是《誰的人生？》（*Whose Life Is This Anyway?*）。你曉得這問題的答案：「天啊，我的人生是**我自己的**！」諷刺的是，這個瀕臨死亡的醫生為別人掌管他的生命而感到憤怒的那一刻，他正面臨死亡——即是當我們戲劇性地面對一個事實，就是我們的生命一定**不是**，也從來不曾屬於我們自己的時候。死亡是最終的偷竊行為，是最後的提醒；它提醒我們，我們為自己所擁有的東西而有的誇耀，不過是個錯覺。耶穌在祂的一個比喻裏，把神比作夜間來的賊，祂趁著我們熟睡，以為安全的時候，就來把我們擁有的一切都偷去了。這當然不是神最美好的形象，但確實是一個真實的形象。到最後，神要把我們自以為所擁有的一切都偷去。到最後，曾經慷慨地賜下生命的那一位，也是在我們意料之外把它奪去的那一位。沒有人有權在獲得准許之前奪去別人的所有，除非他從起初就擁有他所奪去的東西。

最近，在一個高等教育的研討會上，一位論及學生道德發展的講員説，她認為高等教育的宗旨是促進「學生自我擁有的藝術」。我們擁有車子、房子，為甚麼不也擁有自我？我認為我們應該坦白承認，美國的高等教育不少已面臨破產。我們以為是邁向智慧的四年教育，竟約化為只是訓練出更精明的消費者的手段。人們進大學，只為培養一種錯覺：你的人生是任隨你歡喜而加以利用的人生。

往最好的方面説，教會一向認識到這樣的看法是一種謊言。我們上教會是要提醒我們，我們過的人生不是屬於我們自己的。在我長大的教會裏，我們有的時候受到鼓勵，要「把你的人生奉獻給基督」。有年輕人的崇拜，講員講道，然後我們全體站起來唱：「主，請把我的人生拿去，讓它分別為聖給祢。」換句話説，我們承認，有這麼一位神，我們就毋須所謂「把人生奉獻給基督」的決定。祂不是按著祂所拿去的有多少而接受你的人生，因為你的人生從起初就是屬於神的。

我剛剛委派一位牧者轉到另一間教會就職，那裏的薪酬比他從現在任職的教會裏所得的微薄薪酬，還要少七千美元。我致電給他，好給他一點慰問。

「雖然我認為這間教會和你的恩賜是很好的配合，但各部長和我都感到抱歉，因為我們不得不要求你大幅度削減薪酬。」

該位牧者感謝我的關懷，並說：「監督，我要你告訴各部長，請他們不必掛念。他們在財政上所能加給我的傷害，決不會比當初耶穌呼召我進入牧職之時所給我的傷害那麼深刻。當初耶穌把我抓住，迫使我進入神學院的時候，我每年少了八萬五千美元收入。告訴部長們，他們所能給我的傷害，不會比耶穌當年所給我的傷害那麼深。」

就如先知們說的，落在永生神的手裏真是可怕的。

現在，基督以祂在星期五所說的最後一句話，把祂的人生——以及祂的死——交託給神。

我們來到終局。在來到終局的這一刻，就在耶穌吐出最後一口氣的時候，祂恢復祂早前在十字架上與天父展開的一段談話。開始的時候祂說：「父啊，赦免他們。」現在祂以這些決定性字句「我把我的靈魂交在祢手裏」，來結束談話。耶穌在死亡之時所作的，也就是祂一向以來在祂的人生所作的事，就是把自己交託在天父的看管之下。故此基督徒相信，耶穌的死所包含的意義，跟祂的人生所包含的意義一樣多。那不單是就著祂死去的事實而言，也是就著祂死的方式而言。假如祂在睡夢中安然死去，假如有人趁祂準備要講道之時用子彈射穿祂的頭，假如祂最後的一句話只是關乎祂的痛苦，那麼祂的死所包含的意義，就不會是教會所相信祂的死所包含的意義。在最後的一刻，在垂死之際，受苦的聖子把自己交託給接收祂的天父，把惟有聖子才能交出的、惟有天父才能接收的，交給天父。

我在擔任大學校牧的時候，花好多時間與年輕人思想這個經常被提起的問題：我該如何度過此生？

在這個影響重大的星期五，耶穌促使我想到：我該如何經歷死亡？我們大多數人都希望我們死的方式，是在不知道自己性命垂危的情況下死去。曾幾何時，人們禱告，祈求死前有充足時間與神及與他們開罪過的人修好。時至今日，我們大多數人都希望以這樣的方式死去——頭部受致命的打擊、心跳停頓、腦部突然爆裂——好叫我們迅速無痛地死去，甚至連想都不用想就去了，即是說，在我們根本不知情的情況下死去。完。

曾幾何時，人們祈求，在臨終之時有寶貴的時間，把子孫都叫來，給他們智慧的遺言。我們大多數人都希望死得爽快，因為，假使我們有足夠時間告訴兒女，我們從人生中學會甚麼，我們到底會怎麼說呢？說「低價時購入，高價時沽出」嗎？

耶穌垂死的時間足足有三小時，祂慎重地運用了彌留的片刻。祂對神、對一個賊、對祂的家人、祂的追隨者說話。現在，到了最後的一刻，他再次對天父說話：「我將我的靈魂交在你手裏。」

聖經說：「落在永生神的手裏真是可怕的。」（來十31）可以推斷，落在一個沒有生命的神的手中並不可怕。沒有生命的神又稱為偶像，是由人類的靈性和想像造出來的「神」，它不過是我們自己的調製品，令我們感覺愉快（奧康農）。這個不是神的偶像一點也不可怕，因為它是我們透過願望造出來的投影，用來滿足我們自私的需求。而讓自己的人生被一個活著的神抓住和徵用，那才是可怕的事。

把我們最寶貴的財產——我們的生命——交給神，是需要勇氣的。(到最後，當一切都説過和做過以後，我們需要勇氣去承認，這是個謊言：我們的生命是我們可交出的財產。我們需要恩典去承認，我們的生命是神的恩賜。死亡告訴我們這個普遍的謊言和自負的想法的真相；那也許解釋了為甚麼我們鍥而不捨地，只要我們負擔得起，要藉著科技來延長我們的生命。然而，身處於一個充滿謊言的文化裏，除非我們獲得恩典去接受真相，而且是直接地接受，不然的話，死亡也不能教曉我們甚麼。)

把我們的靈魂交給神是一件可怕的事，因為，誰曉得神將如何處理我們的人生？如果你在禮拜天早上把你的生命交給了神，你只會在星期一早上，因神吩咐你去做的事而感到震驚與惶恐；你明白我的意思。我們惟一來自神的保證是，神承諾決不會讓一些比祂兒子所遭遇的更糟糕的事，發生在我們身上。喂，這可會令你好過些？

我想我們大多數人，又或只是我自己，但我們大多數人所過的人生，都是力圖從神手中奪回我們的人生，交由自己掌握。我們實現目標、工作、建設、囤積，我們到健身室鍛煉身體，監察我們的膽固醇水平。對於我們大部分人來説，如果神想要我的生命，那麼神就必須出來取得它。

老實說，到了最後，神確實藉著這個或那個方式這樣做。我們會死去。

身為作家兼傳道人的卡邦（Robert Farrar Capon）曾經在道德上犯了一個大錯，不但使自己，也使他所愛的人承受痛苦。他犯了姦淫。當他向妻子承認不忠的時候，他整個人生都崩潰了。他如同無有，迷失了，等於死人一樣。他說正是在那些時刻，他才發現，在基督裏的生命是藉著某種死亡而來的。以下是他對這個過程的記述，他也披露了他從艱難中學到的東西：

> 差不多從我當傳道人開始，我就是一個很好的講員⋯⋯可是我從來都不甚因神在基督裏為我個人所做成的事感到強烈的熱情。為甚麼？哦，如今我認為那是因為我相信，當年我還沒有被破碎得夠徹底，以致需要修整。但是大約二十年前，我經歷一段愛情長跑（二十四年！），即我的婚姻之後，我對愛妻犯了無可饒恕的不忠的罪，更犯了一個極其愚蠢的錯誤，就是把事情向妻子坦白——這都是因為我甚有把握：我的悔改將能夠說服她，以致她不得不原諒我。（與此同時，那是⋯⋯我對悔改的觀念：一樁交易，我肯定我的誠意會讓我得佔上風。）
>
> 可是事情並不如我所料⋯⋯我第一個反應當然是否認：事情不可能這樣發生。我第二個反應是憤

> 怒：該死的！她一定要饒恕我。（我甚至不會以我的其他反應來煩擾你……以這種或那種方式，我的反應試圖奪回我認為是我對形勢的控制——使我的人生回復到我認為它本來應有的位置上，即是說，由我坐在司機座上，操控一切。）
>
> 然後我逐漸開始醒悟到，我的控制權是不會回來的了：我得面對一些我從來沒認真面對過的問題：我完全無能……我的控制權不是溜走了，而是消失了。可是到最後——一路上我不斷抵抗這一點認識——我曉得事情的真相：我不是無能或失控……或受傷。我是死了。我對自己的人生所產生的影響，無非是一個死人所能產生的影響。[1]

卡邦惟有藉著死而重獲生命。那似乎是通向傳統的一條慣常的路。

當年我接受裝備成為牧者，在一間醫院裏選讀了一個為期三個月的臨牀牧職教育課程（Clinical Pastoral Education, CPE），學習關顧病人和臨終的人。我記得這個男人進來的那一天，醫院裏的職員強迫他坐在輪椅上，他一邊進來一邊不停地咒罵，對著醫護人員大聲叫囂。他帶同祕書來，為的是處理一些重要的生意；這些生意除了他本人之外，沒有人能應付。我被吩咐不要嘗試探望他，理由是，他是一名行政總裁，一天大部分時間都在通電話。此外，他對神職人員是不理不睬的。我聽說他病得要死，但他拒絕接受醫生的診斷，更請來一位專家，讓對方從明尼蘇達州坐飛機來！每天我目睹他公司的手下川流不息地在他的房間進進出出，由他指派工作。我曾嘗試探望他，卻遭他咒罵。他喊道，醫院方面最好把他的問題解決妥當，他不會浪費時間在年輕而想要成為 CPE 傳道人的小伙子身上。

那個下午依然歷歷在目。我聽見他的房間傳來嚎啕大哭的聲音。一個護士從走廊跑來，叫道：「叫院牧來，快！史密夫（Smith）先生終於明白了事實，他整個人崩潰了。」

「這個，也許我能幫得上忙。」我說。

「我需要一個真正的院牧。」護士說。

那個比我年長又比我智慧的院牧施施然從走廊走來，進了史密夫先生的房間。一切都靜得很。最後院牧從房間出來，朝走廊走去，一面嘟囔著對我說：「神又得了一個人。」

王爾德（Oscar Wilde）在他的《雷丁監獄之歌》（"Ballad of Reading Gaol"）中提問，在世上，一個人的靈魂如何能被潔淨脫離罪。他寫到我們惟有在絕望的深坑中才能經驗救贖。「除了藉著一顆破碎的心／主基督可如何進來？」[2]

「我逃避祂，晚上如此，白晝如此；／我逃避祂，年復一年。」《天上的獵犬》（"Hound of Heaven"）的作者，詩人湯普遜（Francis Thompson）寫道。你們中間的一些人親身嘗過這種滋味，被永生神追趕、潛步跟蹤。那真是可怕的。

可是，我們現在要談的事不是這些。

我們談的是，主耶穌與永生神是那麼的接近，那麼與祂連成一體，因此能夠做到我們在窮乏之中不能做到的事情；祂所能做到的就是把自己交出來——祂所行的事的重要意義，祂整個人生和工作的目的，死亡的幽暗——把這一切都交給神。一位追趕的神不一定要追趕自己的獨生子。在兒子死去的一刻，祂追趕天父，祂自願地、充滿活力地把祂的靈魂交給這位從沒停止追趕祂的天父。這句話，這樣死去的方式，正好印證了兒子與父原是一體，就如兒子神聖的出生，也印證了這一點。

很久以前，我們衞斯理宗一度以發生在我們中間的「快樂死亡」(“Happy Death”)的事例為榮。在這些死亡事例中，在愛中達至完美、與神是那麼接近的基督徒，從活著到死亡之間只相隔一段很短的旅程，因此他們是帶著喜樂迅速地進入死亡的。我恐怕今天我們只有極少數「快樂死亡」的例子。因為我們大多數人的死亡過程，都是從全神貫注於今生，去到之後痛苦而不自願地喪失自我的歷程，很漫長而且艱辛。

從另一方面說，耶穌要走向天父的路程也不遠，因為祂與父原為一。不久之前，有一個所謂神學家指控父神在耶穌的死上犯了「虐兒」罪，指天父讓其獨生子為贖去別人的罪經歷殘暴和犧牲的死，是「病態」的表現。這個指控的問題是，它忽略了一個事實：我們在這裏所討論的是三一神。神——父、子與聖靈——是一體的。當兒子受苦的時候，可推想聖靈和天父也遭受痛苦，以致整個受造世界也在歎息。當兒子把祂的生命交給天父之際，我們有理由相信，兒子是把自己交給祂早已真實地屬於的那一位。在把自己交給天父，在祂死的事上，兒子戲劇性地展示了三一神的一體性，即在三一神的三位心底裏深深的合一。

分辨真神與自製的偶像的其中一個方法是，偶像傾向保證給我們連續性、不朽性和安全，反映我們理想中的我。以色列被迫離開埃及運作良好的經濟體系，由這安全的狀態遷移至充滿不確定的曠野，經歷神把她所推進去的自由。我們對「安全」的渴望，使美國有世上最寵大的國防預算。我們是那麼盼望憑藉自己建立自己，給自己確實性和安全，藉著我們的軍事設施、退休金制度和防盜警報器。以色列學會一件事，就是對她的安全構成最大威脅的並不是迦南人而是主。先知們得告訴她，一切試圖獲得「安全」的努力，都不過是靠我們建立自己的方法，也就是**偶像崇拜**的行動。但以色列只能靠神的作為存活。「只因耶和華愛你們」(申七 7～8)。以色列之所以今天或明天存在，不是靠甚麼基礎、甚麼存在的方法、甚麼肯定的理由，而絕對是靠著她不配得、不應得的神恩典的作為。以色列必須學會崇拜她的主，即使於所處環境(出埃及、被擄)下，對神具創造力的愛要有這樣的信心並非必然。以色列的信心之父亞伯拉罕如果要與這位神同行的話，並開放去接受這位神的承諾，他就得冒險前往他所不知道的地方（來十一1）。亞伯拉罕被帶到何處，惟有神曉得。亞伯拉罕和撒拉必須放手讓神帶領。當然，最終的放手、最終的出埃及和最終的流放——最大的不安全，就是死亡的那種毀滅。因此，當基督徒談到十字架和復活的時候，我們所說的正是與以色列人想到出埃及時所說的類似。我們本來是微不足道的，但後來變得有價值，只因為神。沒有神，我們很可能再次變為微不足道。我們惟一的安全，就是那種對不安全的迴避，就是被稱為對活著的神效忠，又或，就如耶穌的說法：「父啊，我將我的靈魂交在你手裏。」

保羅說，我們這些受了洗的人，要這樣過活：「在他死的形狀上與他聯合，也要在他復活的形狀上與他聯合」（羅六5）。那是我們的盼望。我們可以選擇，到底是要靠著自己力圖徒勞無功地保存自己，抑或是寧可像耶穌死去，在死去之時把我們自己以及我們所愛的所有人，交給賜生命的主。（恕我為這一點難過：基督徒本來只應乖乖地死去，把自己交託給神的。但他們花那麼昂貴的資源，那麼頑強地抵抗，在我們所愛的人所得的生命早已來到末路之後好久，依然把他們交給科技、供以吸取的氧氣和國家醫療保健制度等神明，用盡一切辦法來避免把我們以及他們的靈魂交給神。）

這樣，耶穌把自己的生命交給父，祂最後的一言是接管大局、直接而自信得奇怪的一句話。「父啊，我將我的靈魂交在你手裏。」在最後的幾個小時裏，耶穌被捉拿、捆綁、鞭打、在巡撫的官邸被拋來拋去，然後又在叫嚣的羣眾面前被羞辱、取笑和褻瀆。現在，經歷了被利用和虐待的時刻，到了這天的完結，祂接管大局，發號施令，與那位祂一向與之聯為一體的父聯合。「父啊，我將我的靈魂交在你手裏。」

不要把這話當作是溫和、屈服或放棄的話來聽。耶穌在此發出命令、交託及作出承諾，與存在的勢力短兵相接，果斷地接管大局。

早些時候，耶穌在十字架上引述了詩篇——「我的神、我的神，為甚麼離棄我？」

那篇詩（詩二十二篇）跟緊接著的詩篇二十三篇成為頗強烈的對比。「耶和華是我的牧者，我必不致缺乏。他使我躺臥在青草地上……你的杖、你的竿，都安慰我。」據我的經驗，詩篇二十三篇是人們在盡頭時最常引述的一篇詩，當他們的人生去到盡頭，或是當他們計窮力竭的時候。這篇詩寫的是完全像孩子般的、對神的信靠。在這篇詩裏，神是引導我們、看守我們、為我們預備、保護我們的那一位。我們要做的事無他，只要繼續前行，一面讓神引導我們。

但是此刻，當來到盡頭的這一刻，情況大大不同。與其說耶穌屈服下來，不如說祂接管大局。在過去大約十二小時，耶穌都是在有罪的男女手下。現在，祂把自己的性命取回來，把性命交在父的手裏。這是偉大的順服行動，至少在我們的文化處境裏，是一種與文化極之抗衡的舉動。

耶穌稱全能的神為「父」，那正是祂教導我們勇敢地說出的稱謂。「我們在天上的父。」這是親密的、在父子關係中發生的、美妙地反抗的一刻。這也是自信而果斷的一刻。

看這個人。祂幾乎流血至死，釘子穿過祂的手，把祂釘在十字架的木頭上，釘子穿過祂的腳，祂掛在那裏，光著身子，只能勉強喘息，大有可能是漸漸窒息至死，像一塊肉被掛起來。祂應該是無行動與被動順從的最終形象。

可是，正是在這個時刻耶穌接管大局，祂把自己的性命從折磨祂的人手中奪過來，自信地把它交給祂的父。祂不會讓釘祂的人有最後發言權，不會讓他們決定十字架的重要意義。

耶穌垂死不是新聞。你和我都必定會死。所有人都會死。至於耶穌——祂說了要說的話，做了要做的事以後，你從起初就知道，祂不會死得自然。你從起初就知道，祂會死在祂所冒犯的人手裏。因此祂的死是在意料之內。

此刻之所以令人震驚，是因為耶穌死的**方式**。這不是簡單地說，祂在十字架上，在可怕的痛苦之中死去。這是世界對待先知和聖徒的方式，正如耶穌間或指出的。

祂藉十字架上的這最後一言所教導我們的，是**死得其法**。

作為一個牧者，我很榮幸能進入人們那神聖而內在的聖所。當人經歷了一連串的事以後，就來到這個聖所。這一連串的事就是，跟某些可怕的疾病打仗，隨我們的意思去頑強地運用一切科學資源和醫療資源，設法掛上一張快樂的面孔，之後哭泣，因感到被這一切困住而發怒之後，終於平靜緩和下來，享受平安。最後得著平安。

但他們的平安，極少是那種經歷一場壯麗戰爭之後被打敗的平安。不。從我觀察所得，他們的平安較常是耶穌有的那種平安。他們把生命交給不同醫生，聽從好心的家人和朋友勸他們要休息、要吃東西、要睡覺、在牀上要翻身、要起來走走、要接受化學療法、要在不好的處境中處之泰然，現在他們終於親自接管他們的人生。他們把神慷慨地賜給他們的、最寶貴的禮物交給祂。如是，到最後，他們把生命接過來（死亡以為它正把這生命從他們手中奪去），慷慨地把這生命奉獻給神，就是那位把生命賜給他們的神。當他們這樣做的時候，就是履行了最崇高的管家職分。

總有一種這樣做的方式。

有一次，我和朋友正在討論某位傑出學者的成就。這位學者在一個頗為深奧的傳統研究領域裏努力了五十多年。當他八十高齡辭世，我和朋友有機會就他的工作進行反思。我說：「我會想，他創新的工作將會有長遠的重要性。成就非凡。」

正如人們有時候的回應，我的朋友答道：「天曉得。」

我想，在那個時刻有重大意義，那是人們日常慣於給予的其中一個評價。說實話，在我們任何人的人生終結時，我們所能說的也就是這些。這一切意味著甚麼？有甚麼是長久存在的？我們有些甚麼價值嗎？天曉得。

啊，我們建碑立石，我們捐錢資助大學的教席，我們生兒育女，把我們的名字和年日刻在花崗岩墓碑上，把自己獻身於機構、公司、墓碑、書本和兒女。在我們較清醒的時刻，我們知道這些勞苦都是虛幻的。最終只有神才知道，我們的人生有甚麼意義。只有神才能使我們的人生意義最終比我們自己所能賦予的更豐富。因此，把我們的人生看為祭物是最好的做法。

在一次訪問中，深具才華的作家保迪雲（James Baldwin）表示，他開始寫作時，得克服的一個最大障礙是受到「受害者框框」的限制，就是說，他被迫要從白人種族主義下一個永遠的非裔美國人受害者身分去寫作。保迪雲在紐約市哈林區（Harlem；按：當地黑人聚居地）長大，受盡了種族主義社會的歧視。他本來可以用餘下的人生專寫這些經驗，要說的必定會有許多。可是他斷定，這樣做只會叫世人把他界定為一個受害者，這可是他所不願意做的事。

現在請注意，耶穌在地上生活的最後片刻，根本沒有以受害者自居的成分。許多人已經指出，我們是活在一個慣常以受害者自居的文化裏。一方面，令人高興的是，我們承認有不公平的情況，而且這不公平使受害者的生命留下傷痕。然而，即使指出這種以受害者自居的態度是適當的做法，我們也不應該長久以這種態度自稱。永遠把自己當作受害者，就是一直讓加害者為你的生命命名、發言，支配你的生命。這就是讓不公平的人有主宰你身分和你的意義的權力。

「啊，耶穌，他們待祢如此殘酷。祢不但被祢的門徒拒絕和出賣，他們更殘忍地虐待、打傷祢，撕裂祢的身軀，扯開祢的兩臂，把祢掛起來，使祢忍受羞辱死去。他們如此殘忍地奪去祢的性命。」

耶穌在祂具啟發性的最後一言裏教導我們：

沒有人把我的性命奪去，是我自己捨的。我把我的性命交給我的父。

> 愛子是那不能看見之神的像，是首生的，在一切被造的以先。因為萬有都是靠他造的，無論是天上的，地上的；能看見的，不能看見的；……他在萬有之先；萬有也靠他而立。他也是教會全體之首。他是元始，是從死裏首先復生的，……因為父喜歡叫一切的豐盛在他裏面居住。既然藉著他在十字架上所流的血成就了和平，便藉著他叫萬有——無論是地上的、天上的——都與自己和好了。（西一 15 ～ 20）

在受苦節崇拜的結束，我們進入黑暗裏，黑暗與寂靜。這個禮拜已經說了那麼多話，我們已經進行了那麼多激動人心的禮儀活動，現在剩下給我們的只有沉默和靜止。在我們的裝備之中，並沒有使這一切產生結果的設備。我們不能修補這個悲劇——神兒子的死亡。惟有神才知道，這一切會有甚麼意義。耶穌說過的一切話、耶穌做過的一切事，現在有甚麼意義，全在乎神自己。下一步取決於神。耶穌把祂的性命、祂的一切所是、祂說過和做過的一切，交給具創造力的父和善於隨機應變的聖靈。在最後一個帶著自信和不顧危險的信心行動中，聖子把自己的靈魂交給了天父。下一步、最後一步，正如經常的情況，是神的行動。到最後是神。到了星期天，當神——父、子和聖靈——有最後的發言權時，我們要看見這十架七言的意義。

最後一言就是那最重要的，如果我們不回到教會過復活節，我們將會對自己不公平，我們將會打亂整個故事的意思。在星期四守最後晚餐，在星期五紀念主被釘，在星期天慶祝主復活，全是一整套活動，這幾天合起來是極其重要的，教會稱之為 *Triduum*（「三聖日」）。十字架的故事產生了一個需要，就是需要一個結論，這結論是惟有天父才能給予。故此在某種意義上，我們也是把我們的命運交在父手裏，倚靠祂來結束祂兒子的故事，因為我們在這故事中曾扮演了流人血的角色，但永不能將故事引到一個令人滿意的結局。

要是只把焦點放在耶穌死在十字架上，其中一個神學危機是，我們不但會忘記主的復活，我們也有可能會忽略了三一神的整體。如果我們要談論耶穌的受苦，我們必須把它看成是聖子的受苦，祂在自願和順從之下，憑藉聖靈的大能，受天父差派拯救我們。聖子的受苦界定了父神是誰，以及聖靈所做的是甚麼。這裏，在十字架上，「神在基督裏叫世人與自己和好」（林後五 19）。藉著復活，聖子的犧牲被證明為是一個慈愛天父的行為，祂的愛藉聖靈的工作伸展至整個犯罪的世界。耶穌決不是本身具有重要意義的單獨的個體。祂總是十分關注天父的事（路二 49），特別是這上十字架的事。在客西馬尼園與天父的旨意角力（可十四 16），或在各各他山上死去，把自己的人生和目標完全交在父的手中（路二十三 46），這一切都是在完全與天父團結一致的情況下，和跟天父的親密關係中發生的。

說十字架上的那一位是三一神，你可以理解其神學含意。誰也不會再把十字架看成一個純粹的道德範例，顯示一個好人到最後的結局如何；它是一個宇宙性的宣告：說明全能神是誰，以及神所作的是甚麼。它為我們的詞語「**全能**」下了一個新定義。誰也不會再哀歎道，神是那麼的威嚴偉大，虛無縹緲，以致我們這些必朽壞的人無法認識祂；父神在祂兒子受苦一事上揭示了自己。這位神是有面孔的，祂在世界有一種與我們同在的方式。誰也不會再假定，聖靈是一股頗為軟弱無力、模糊的屬靈力量；聖靈是從父而出的那靈，父樂意犧牲自己惟一的兒子，兒子在十字架上樂意把自己完全獻上，成全父的工作和祂的旨意。

就在耶穌上耶路撒冷受死之前，祂講了一個故事（可十二1～12），是關於一位擁有葡萄園的父親的。他把葡萄園租給一些租戶，但他們的管理甚差，甚至拒絕交租。父親打發僕人去收他應得的租金，兇惡的租戶把僕人趕走，拒絕把父應得的租金交出。多個世紀以來，這位父親派來一個又一個的僕人，就是靠著父設法要租戶做正確的事的先知。最後，在氣極之下，這位父親冒險派來他的獨生兒子，以為租戶必定會把他的兒子當作是他的特使來對待。

但那些兇惡的租戶殺死了這個兒子。

我們就是不能容忍有一位父親。我們覺得不自在；我們擁有的一切、我們的一切特性都是借來的，是父交給我們託管的神聖財產。我們因此藐視父所派來的先知代表，最後竟殺了他的兒子。這一切都暗示，耶穌所吩咐我們去做的其中一件最激進、最富冒犯性的事是：「你們禱告要這樣說：『我們的父……』」

我們中間凡認識到這位神的人——就是認識這位來到我們這裏，願意被我們釘在十字架上，並且不顧我們的反應從死裏復活的神的——永不能確定我們有權力與神分手。這位神會自貶到何等荒唐的地步！自伯利恆和各各他之後，我們知道，我們是永遠也不會免受這位神的侵擾而安然自若的。我們永遠也不會再耽於我們的觀念、我們的問題和我們的理性之中，而感到安全。那些我們期望神不會去的地方，正是三一神要闖進去的地方。

自十字架之後，神再也不會在我們其中安然自若。神自發自願地決定要與我們、為我們連成一體——這也許是神所做過的決定之中最為冒險的。神來到我們這裏的形式，是容讓我們拒絕祂、嘲笑祂和忽視祂的。這位仁慈的神任由我們擺佈。肯定地說，神最大的痛、最大的苦不是十字架的痛苦，而是我們接連不斷地每一天、每一刻出賣祂。愛和死亡如影隨形。至少對於這位敢於向我們俯首彎腰的神來說，正是這樣。

現在，我們既已墮落至殺死了神的獨生子，嘗試停止神對我們的責難而不遂，父會怎麼做？正如耶穌一向講故事的方式，祂講的兇惡園戶比喻並沒有結局。祂之所以沒能把故事講完，或許是因為它是一個關於十字架的故事，只能夠由父以一次大整頓來完結，因為這些事情只能由父來加以整頓。現在，我們已盡我們所能去幹出最卑鄙的事來，我們這些葡萄園租戶必定要把命運交在父的手中。耶穌現在已停止說話，沒有把故事的教訓說完。這個故事是那麼的廣大，那麼的沉重，那麼的可怕和可悲，只有神才曉得如何結束。我們得等待多久，父才以祂自己的方式來結束這個故事？

最少三天。

但就目前來說，在今天，我們聽過耶穌的最後一言。向神禱告，好讓你得著恩典和信心，使它成為你的最後一言，你最後的禱告：「父啊！我將我的靈魂交在你手裏。」

註釋

1. Robert Farrar Capon, *The Foolishness of Preaching: Proclaiming the Gospel against the Wisdom of the World* (Grand Rapids: Eerdmans, 1998), 26～27.
2. Oscar Wilde, "The Ballad of Reading Gaol". 一八九七年在巴黎寫成；一八九八年出版。

後記

基督徒總是忘了又忘，在現今或任何時代裏，作基督徒是何等奇怪的一件事。我們可能認為，基督教信仰是合理的，認為它是有助我們人生過得更有意義的途徑，是另一種為我們解憂的手法。可是受苦節來了，教會要我們花足足三個小時來凝視、默想十字架。到此刻，我們才曉得箇中的怪異：全能神沒有向我們這些兇手轉臉不顧，而我們也沒有向一位被釘的救主轉臉不顧。

現在，就讓我們暫且為北美的教會做一件有點兒奇特的事情吧。讓我們把「基督徒」定義為一個真心相信受苦節在事情的格局上是較母親節更重要的人。

當我還是大學校牧的時候，一羣學生來找我，請求我的幫忙。他們想要把杜克校園的一角命名為「屬靈中心」。

「『屬靈中心』是甚麼？」我問。

「是花園裏的一個地方，也許有一張長椅，我們可以到那裏默想。一處幽靜的地方，最好被樹木或灌木遮蔽。一切都是天然的。」

「你們會在那兒做甚麼？」我問。

「不做甚麼，只是靜靜地坐著默想。」他們答道。

「默想甚麼？」我問。

「只是默想。思想大自然或我們自己，思想神，甚麼都行。」他們答道。

我即時意會到，做基督徒是何等奇特的一回事。我告訴那些學生，雖然我不喜歡向他們潑冷水，但我對他們的「屬靈中心」的構思，實在提不起勁來。我是基督徒，我們不都是「屬靈的」——假如屬靈的意思是靜靜地坐著，凝視著自己或一片灌木的話。我們不是屬靈的；我們是道成肉身那樣的。我們嘗試觀看神的時候，喜歡觀看血肉之軀。而我們所觀看的軀體是流著血的，而且有難看的釘痕在上面，一點也不自然。偉大的神學家巴特説，傳道人做的最好的一件事，莫過如像施洗約翰那樣站著，以瘦瘦的手，指引人往十字架。[1] 在這個星期五，我們注意的東西，正是世人以千萬個方式去忽略的東西。

我不期望今天喜愛窺探別人屬靈私隱的人會明白我所説的事情，因為我的看法在各方面都是與時下的北美人士的神觀相反。我們已經習慣於這樣想：要去到神那裏，我們先要更深入地探究自己；但十字架是這麼説的：神來到我們這裏的方法是，迫使我們注意在我們身外的事情。

除了我們的自戀傾向以外，還有一點：我們遇見痛苦或患難的時候，習慣於掉頭離去。我們不再有公開執行的十字架刑罰，認為這是人性進步的迹象。我們私下處死那些已被定罪的殺人犯，免得被公眾的目光偷窺。我們認為國家殺人是沒問題的，只要沒有人實際看見國家殺死任何人。在伊拉克戰爭的餘波未了期間，一名攝影師公開了一張相片，上面有覆蓋著國旗的美國士兵靈柩，他因此被指為品味欠佳，更因此惹上麻煩，還記得嗎？

我懷疑我們之所以轉臉不看痛苦和患難，大概是和人性的進步沒有多大關係，反而絕對和我們缺少了屬靈和理性的資源有關；我們缺少了這些方面的資源去面對大量擾害人生的痛苦和患難。遇上患難，我們除了吞服藥丸或掉頭離去以外，沒有別的處理方法。

當年颶風凱特蓮娜蹂躪南部，傳媒讓我們緊張了好一陣子。然後我們轉而關注其他新聞。談到凱特蓮娜，有些評論家說：「這場風暴駭人聽聞，令我們震驚，這正好顯示了我們對人類和人類苦難的認識和關心是何等的少。無家可歸、缺少食物和水，是數以百萬計的人每天所過的生活。要解決它。」啊，問題就在這裏，可不是嗎？我們沒有足夠的神學資源來解決這無可否認的悲劇和普遍的人類痛苦，於是我們逐漸從相反的方向來看它。

我說的是，在星期五花三個小時來望著一個無辜的人在十字架上窒息及流血至死，並不是我們心目中所想的、打發時間的好方法。

可是，在凝望基督的十字架的當兒，我們望見的不只是一個人所經受的劇烈痛楚。基督徒認為，在我們凝望十字架上的耶穌，默想它的意義之時，我們就有幸得以看見我們所期望看見的，有關神的事情。十字架告訴我們的，不單是有關人類實況的真相，它告訴了我們有關神的真相。在我們就我們自己和神所可能談論的事情之中，十字架是至關重要的。十字架不單是恐怖的一幕，讓我們看見一個赤裸的人痛苦地死去，十字架也是對神在世界中要做的事一種正面的揭示，出人意表地深度揭示了神的真正身分。十字架是我們與神之間的問題的核心。我們其實應該把這個星期五叫作「神聖的星期五」(Holy Friday)，正如教會傳統以來所叫的名稱，而不是「美好的星期五」(Good Friday)，因為若把這個星期五稱為「美好」的，那就或多或少引出一個問題：為甚麼基督徒把耶穌被釘十字架一事稱為「美好」的？

除了梅爾・吉布森那血腥得近乎色情的《受難曲》以外，當我們想到十字架上的耶穌，我們通常是帶著令人窒息的感傷。幾乎可以說我們傳統信徒最深的感受是，耶穌「與我們同受苦難，與我們認同」，又或者是，在十字架上，「耶穌與我們連成一體」。換句話說，關於耶穌，最好的一件事是，祂承認一點：我的痛苦比祂的痛苦重要。這種「極其不快的人喜歡有人作伴」的神學在這個世界裏極為普遍，因為在這個世界裏，宗教已經成為一種療法，神學就是感傷的，而如果宗教不能抒解我部分痛苦的話，這宗教對人就毫無益處。

啊，說到十字架，沒有甚麼好感傷的。正如路德（Martin Luther）多次說到的，一個十架神學家以事物的真名來稱呼它們。十字架成了一塊濾鏡，我們通過它來檢視一切；它成了反照現實的鏡子，一扇開向人生真相的窗戶。固然，神藉著基督進入了我們的苦難和死亡，但基督並非簡單地只為了在苦難中的大眾而受苦，而是因為我們與神不和，因為我們都想要作神，把我們自己和我們的道路置放於神和神的道路之上，以致我們自然地要把神的兒子釘在十字架上。與其說我們是與耶穌一同被釘的人，不如說我們是把耶穌釘在十字架上的人。當我們看見那位成為肉身的耶穌，我們沒有和祂認同，沒有為祂與我們連成一體的事實而心存感激。我們口中所出的話，差不多全是異口同聲的「把祂釘十字架」！祂受的痛苦，不只是釘子帶來的痛苦，也是由於被祂的門徒出賣，他們棄祂而逃。

十字架把我們這些積極主動、善於隨機應變、為自己創造出神明來的人，變成了被動的旁觀者。你知道嗎，英文的 passive（被動）一詞與 passion（受難）源自同一字根，於拉丁文裏的意思就是「受苦」？事實不只是耶穌站在我們旁邊，加給我們力量去對抗那使我們痛苦的失望、疾病和死亡。事實是，在耶穌裏，我們被動地經驗了一位至高無上的神的奇妙工作。就如耶穌忍受了祂的受苦經驗，我們也像耶穌在客西馬尼園陷入痛苦那樣落入痛苦裏。我們太容易忘記一點：神不但充滿憐憫，祂也是聖潔的——直至我們看見在十字架上的神。我們因十字架成了受害者，不是因某些身外的災禍、猛烈的風暴或地震，或甚至在我們心內、人性難免會有的險惡。我們因這位至高無上而公義的神的工作而成了受害者。十字架照出我們的本相，它不但揭示了神是與我們同在的，它更揭示了神是決然與我們對抗的。十字架是對我們最嚴厲的審判，是對我們最大的憐憫。神不能照世界的現況，照我們的現況來與我們相近，於是這向外伸展、足智多謀的三一神，就藉著十字架上的受苦和犧牲的愛，來與我們及我們的世界爭戰，從此改變了一切。

藉著僅僅把十字架感傷化，使之歸入我們慣常以受害者自居的文化下，我們期望把我們這個將耶穌釘十字架的罪人身分，改造成為受苦的受害者身分。我們是那麼的喜歡把自己當作是受害者。因而從治療的角度來說，十字架變成了有時候發生在好人身上的壞事，而不是神對我們所認定的善大聲說「不！」的終極好事。故此在《海德堡論辯》（*Heidelberg Disputation*）論題二十一，路德說，「十架神學家」定意要以事物的正確名稱來稱呼它們，而「榮耀神學家」則「把壞的叫作好的，好的叫作壞的」。故此十字架說出我們的真相。

十字架揭露了我們的罪的邪惡性質。我們的罪不在於默從我們最壞的意向，而在於追求我們最好的一面。那不單是我們做出壞事，就是我們確實有這樣做的，而是，最糟糕的是我們拼命嘗試控制事情，把它做好。這就是路德所說「榮耀神學」的意思。榮耀神學說，我們是命定在屬靈領域裏向前向上流動的。我們能夠 —— 我們只要想我們能夠的話 —— 有進步，做得更好，和做出善事。這是徹頭徹尾的新紀元宗教，夾雜著通俗和可在市場上銷售的、或此或彼的屬靈觀。在我們之內有一種神聖的火花，一度梯子，藉著它我們能夠 —— 我們只要有信心的話 —— 靠著我們最大的努力，爬升到神那裏。不斷前進的基督教！雖然我們會死去，但那種神聖的本質卻是永恆的。宗教變成了不過是另一套技巧，讓我們向前向上移動，就是這樣。

保羅在加拉太書二章 19 至 20 節寫道：「我已經與基督同釘十字架，現在活著的不再是我，乃是基督在我裏面活著，並且我如今在肉身活著，是因信神的兒子而活；他是愛我，為我捨己。」保羅說「我已經被釘十字架」，意思不是說他正在經歷一段艱難的時期，其實保羅是指向一個奧祕。就如耶穌被釘在十字架上，祂陷入痛苦中，受羞辱，因十字架變得軟弱無能，我們也是一樣。我們要是跟隨耶穌，就得跟隨祂到底，到我們的十字架，就是祂因我們追隨祂而擱在我們背上的十字架。十字架把我們納入這個故事。在耶穌裏，十字架變成了我們的故事。故此路德可以說：「**惟有**十字架是我們的神學。」就如路德在一篇論十字架的文章裏寫道：「基督受苦的真正和真實的工作是，使人與基督一致，好叫人的良心因自己的罪受折磨，其程度就如基督因我們的罪，身心受盡折磨那樣。」[2]

時下的崇拜，有不少只是某形式的消費主義——藉著使我們更深入地轉向自己，我們以福音作為一種技巧，讓我們少一點難受的感覺。在我們這愉快得令人難以忍受，樂觀得無可救藥，「母親，我寧可自己來」的經濟體制裏，我會是頭一個承認，十字架的故事，其銷情不是那麼好。銷情好的是榮耀故事（glory story），因為我們很自然地接受它。福德（Gerhard Forde）把榮耀故事稱為「天梯神學」——以神學作為爬升到神那裏的工具。榮耀故事讓我們得以掌控大局，向前，向上。

十字架攻擊一切形式的榮耀神學，把我們倒空，提醒我們：我們不過是塵土。我們是藉著不斷死去、不斷被定罪而活下來和學習的。正如保羅所言，十字架「廢掉智慧人的智慧」。在受苦節這天，我們那些向前和向上的故事，變成了一個較真實的故事：「塵歸塵，土歸土。」戴萊（Barbara Brown Taylor）記得一個退修會，在其中領會者邀請人思想，在他們的人生裏有誰能代表基督。「到了分享答案的時候，一位女士站起來説：『我為思想這人搜索枯腸。我不斷在想：「有誰曾把有關我的真相清晰地告訴了我，以致我想要把他殺了？」』」

「據約翰福音所記，耶穌被殺是因為祂把真相告訴每一個祂所遇見的人。祂**就是**真相，一面完美的鏡子，人們從神的光中看見自己。」[3] 這光是那麼的亮麗熾熱，充滿著愛，把我們一切有關愛的思想都變成虛謊，以致我們設法要熄滅這光，但徒勞無功，竟把祂殺了。

也許那就是為甚麼教會強迫我們坐在這裏，在黑暗中好長的一段時間，在寂靜中，聆聽這十架七言，凝望在我們眼前的這件事，迫使我們談論一些我們即時避免談論的事，迫使我們脫去我們的虛假與偽裝，使我們看見耶穌是誰，從中顯露了我們是誰。布雷士連(Jimmy Breslin)說：「只有傻瓜才會講說自己的個人生活故事，不管外在環境如何。一個妻子趁丈夫不在的時候，花了整個星期跟男友在一起，她因而感到罪疚。當丈夫外出公幹回來，她坐在廚房的桌子旁，一面嚴肅地說：『我們得好好地談談。』他頹然倒在椅子裏，歎道：『你發現了我的事！』」[4]

因此，讓我們不要因凝視十字架所喚起的、大量講說真相和坦白直率的事情而感到驚訝。只有傻瓜才會在一個星期五的下午，花三個小時來暴露一切；是的，只有傻瓜才會這樣做。

然後在復活節，神藉著耶穌的復活證明了祂的無辜，由此顯明了神站在哪一方，以及神是如何取得祂的勝利。因為我們不能爬升到神那裏，神就來到我們這裏，下降到我們的層次，就是這樣。走這條路並不容易，但基督徒相信，除此以外，別無通往神那裏或從神那裏來的途徑。故此基督徒能夠同時說，十字架是神對人類熱望和詭詐的一聲「不！」，又是神在使十字架和復活保存在一起的一聲「是！」。

「我要打敗這魔鬼。」新近改過的一個酗酒者說。我願他平安無事。但當我得知三個月之後，他又回到酗酒的深淵，我並不感到意外。最後，他跌落「谷底」，就如人們所説的；他失去了一切，痛苦難當。到了那時他才説：「我不能靠自己打敗這東西，我裏面沒有力量使我停止喝酒。」就是在那一刻，他開始爬出谷底。説來諷刺，當他還是以為自己有力量救自己的時候，他註定失敗；而當他曉得，真正曉得他被判定為對怎樣幫助自己一無所知的時候，真正曉得他在十元一瓶的酒前面是完全無能之時，他就得到一股比自己更大的力量。那是十字架的經驗。

榮耀神學説，我們需要的不過是一陣激勵；教會的責任是給我們一點提升、一點鼓勵，讓我們發現並發展我們較好的天性，幫助我們更屬靈，在道德方面也表現更好。這樣的教會觀的目標是自我拯救。驟眼看來是好消息——你只要相信這個，參加這個教會，感受這種情緒，依循這種屬靈操練，你就能自己救自己——到頭來變成了令人艱苦至極的壞消息，變成了恆常的、令人筋疲力竭的、最終來説是徒勞無益的工作。難怪我們許多最優秀的教友——不論就道德或靈性來説——經常看來都是那麼筋疲力盡的。誰要是把靈修學變成了一個治療系統，一套在靈性上往上爬的手段，就是從事一份全職的工作。假如真有一套具明確目標的原則（對不起，華里克〔Rick Warren〕），我們守著便能整頓我們的人生，那麼耶穌在十字架上的死就是神所犯的最大錯誤。耶穌應該把整個計劃告訴我們，把正確的技巧傳授給我們，而不是為我們死。幸好，耶穌知道我們自己救自己的方法並不是那麼奏效。

從另一方面說，十架神學假設了與耶穌同行免不了某種走過苦路的經歷，正如酗酒康復者所說的跌落「谷底」的經驗。我們本身並沒有方法解決使我們煩惱的東西。罪把我們抓住。就連我們最高尚最美好的表現，也是我們的罪的結果，正如耶穌的十字架所揭示的。耶穌被釘十字架，是由於我們「最好」的理由，我們「最好」的理想——忠於聖經、維持法律和秩序、尊重權威、對宗教委身以及其他。

故此人人都得學會站起來說：「我的名字是意志；我是一個罪人。」而十字架就是我們到達彼岸的惟一途徑。

在這樣聚焦於受苦節的一本書裏，當我們以這種語調來談論十字架的時候，我們一定要時常設法一併相信十字架和復活。一批最早追隨耶穌的人只有從復活節的光亮看到這黑暗的星期五的重要意義。在復活節那天，並非神使普通的死人復活了，而是神使**死了的耶穌**復活過來。復活節的意義，先不是「我們將會在死後與我們所愛的人重逢」，而是，當我們觀看耶穌的十字架的時候，我們看見三一神的真正本性。耶穌在約翰福音裏說的「我就是道路、真理、生命，若不藉著我，沒有人能到父那裏去」，意思是說這個真理：**這條**路，這個十字架，這由聖靈催生的一條路，是通往在父裏面的生命的惟一道路。在耶穌復活一事上，神證明了耶穌的路是惟一的路。那條路是甚麼？就是十字架和復活之路。

> 神藉著拿撒勒人耶穌在你們中間施行異能、奇事、神蹟，將他證明出來，這是你們自己知道的。他既按著神的定旨先見被交與人，你們就藉著無法之人的手，把他釘在十字架上，殺了。神卻……叫他復活。（徒二 22～24）

我們心目中的救主，是一個來到我們這裏，帶來一個讓我們自救的計劃，可以糾正我們認為這世界一切出錯之處的救主。「但神……」我們懇求有一位救主把我們從困境領出來，使我們經過六個輕鬆的步驟以後，邁向更有意義的存在。「但神」的心目中有的是另一位。神使之從死裏活的，證明祂是無辜的那一位；這就是神的道路；祂就是神。說「耶穌復活了」的意思就是：「這就是神的真貌；這就是神，神站在祂那邊。」嘗試說「神使折磨人的希特勒從死裏復活」，看那會吸引你到甚麼地步。不太激勵人心。說「但神使受盡折磨的耶穌從死裏復活」，就是讓人得知一個公開的祕密：這就是神在世界裏做的事。所以，每逢基督徒談到「神」的時候，我們就是指著那位使耶穌從死裏復活，因而使我們勝過世界的神。[5]

復活與十字架沒有連繫起來，復活節與受苦節沒有連接起來，我們或許會被誘，說十字架之路是返回神那裏的一個有效技巧，是短暫的一次挫敗，耶穌最後藉其復活把它克服過來。我們會不得不說，這條宗教之路是一條費力而艱難的路，可是到最後，卻把我們引向屬天的大獎賞，叫一切的犧牲都變成值得的。到那時，就是人們英雄式犧牲、真誠奮鬥努力和道德成就的時機。我們本可試圖重新建構「歷史耶穌」（"historical Jesus"），嘗試與我們所發掘到的遺迹一起活下去，繼續相信我們認為是振奮人心、對我們心理有用的、有關神的東西。但十字架是徹底的殲滅、完全的放棄、被遺棄的死亡、真正的無有，把我們要說出神是誰和神想要的是甚麼的一切集體努力都毀滅掉。

然而，耶穌的復活是偉大的見證，不是因為十字架是短暫的一次挫敗，而是因為這是神對待世界的方式。這位神的本性是，藉著甘於受苦的愛，贏得神的勝利。除了忍受我們的血腥和不公之外，沒有別的方法可讓神來到我們身邊。也沒有別的方法讓我們來到這位神身邊，除了這位神所命定的方法，藉著死而復活，從死裏得生，以死亡作為通往生命的路。面對著十字架的恐怖，只有神才能救贖這樣的暗淡無望和失敗。而神是藉著使被釘十字架的耶穌復活過來，這個出人意外、使人震驚的舉動來挽回失敗的，不然的話，就沒有希望了。

沒有耶穌的復活，我們就無從講說真理，即十字架。在某種意義上說，如果我們不是對復活節充滿信心的話，我們就不可能在受苦節整天凝視十字架。我們若沒有在復活節的星期天到教會來，恐怕沒有人會明白我們在神聖的星期五所進行的儀式到底是在搞甚麼。當然，沒有在受苦節花上三個小時在這裏的人，也就無法參與復活節的崇拜。這不是說復活節否定了十字架，而是，復活節把十字架加強了，對我們說明了這令人驚奇的事實：神因著愛我們，願意作出根本不像是神應該作的行動。

然而，沒有死亡也就不可能有復活。一五一八年，有人要求路德在海德堡當著他的奧古斯丁修道會弟兄面前，為他的「新神學」作出答辯。《海德堡論辯》是路德的答辯，建基於十字架的真理。人們以為，教會所設立的屬靈操練和基督教習慣（好行為）是到神那裏的路，路德一直抨擊這個看法。到神那裏的惟一道路其實就是從神那裏來的路——十字架。路德說，在十字架裏面，我們所認定的一切智慧、力量、好行為和榮耀，都被顯明為是假貨。這位十架神學家把有關神的真理告訴我們：

> 明顯的是：不認識基督的人，不認識那隱藏在受苦中的神。所以他寧選行為過於苦難，榮耀過於十架，力量過於軟弱，智慧過於愚昧，以及一般來說，善過於惡。這些就是使徒稱為「基督十字架的仇敵」（腓三 18）的人，因為他們厭棄十字架和苦難，喜愛行為和行為所帶來的榮耀。就是這樣，他們把十字架的善稱為惡，把行為的惡稱為善。神只能在受苦與十字架中被人發現，正如已經說過的。因此，十字架的朋友說，十字架是善的而行為是惡的，因為藉著十字架，行為被廢黜，而（特別經行

> 為改良的）老亞當就被釘死。若要人不因他的善行驕傲是不可能的，除非他先被苦難和惡所挫傷，以至於被消滅，直至他認識到，他一無是處，他的行為不是出於他自己而是出於神。[6]

對我們來說，十字架是加諸人身上的重大苦難；當我們看出，就連我們最好的行為和我們最妙的主意也不夠格的時候，就引出這重大的苦難。在十字架上，那一切，包括我們引以為榮的屬靈熱望，都被判定了死罪（林前一18～25）。正如路德說：「當我們行得正確的時候，神因我們的正確而取笑我們。」榮耀神學家把苦難看成是十足的惡，認為那是需要克服、麻醉或解釋的事情。十架神學家把苦難看作是理解世上正在發生的事的鑰匙，得知人類真正實況和神打算如何處理它的主要線索。

正如你從這對十架七言的默想裏所見的，我們從不過寥寥數字引出好長篇幅的講章。路德說，如果某人不能就聖經中的一個字講出一篇道來，那就暫且不應該准許他講道。肯定地說，他必定是想著像十架七言的字句吧。在這特別的一天，我們對這些特別的字句的重視絕不會被視為過分。

雖然基督教在受苦節舉行崇拜，並回想耶穌在十字架上的所言所行的做法，可追溯至基督教的頭幾個世紀（四世紀的朝聖修女埃赫利亞〔Egeria〕詳細描述了耶路撒冷在受苦節舉行的崇拜），但默想十架七言在基督教崇拜中可算是較新興的活動。現代人舉行三個小時崇拜，集中思想「基督的七句遺言」，並就每一言配以講道形式的默想，這種做法大概是由十七世紀祕魯的一位傳教士（貝多亞〔Alonso Messia Bedoya, 1665～1732〕）所創立的。有人認為這種崇拜之所以流行起來，很大程度是由於一六八七年祕魯遇上連串地震而受了重大的創傷。今天我們在曼哈頓中部的一間禮拜堂舉行十架七言的崇拜，正是經歷震動美國九一一事件的重創後不久，我發現這七言對在這裏聚集的人產生新的共鳴。這七言正是在耶穌基督被釘十字架之時所發出的；耶穌基督被釘十字架正是大地所經歷的震動之中最具震撼性的事件。

平常的星期五我們是沒有集體崇拜的。在很早期，基督徒已停止守安息日為神聖的一天，雖然律法要求人守安息日。我們開始在星期天崇拜，並稱之為「主日」。而且，因為我們在慶祝主復活的星期天見證了復活的喜樂和勝利，在教會裏聚集於主的桌子前歡慶，我們就能在一年中的這一天，從正午到下午三點鐘的時間，在星期五崇拜。這一天我們禁食，我們放棄平常在星期天穿上的節日禮儀服，我們坐在燈光昏暗的教會裏，除了主的話以外一無所念。那愛我們到一個地步甚至為我們死的神，現在愛我們到一個地步願意對我們說話，在垂死之際教我們最後的一課，好叫我們聽見了這些話以後，不但得以永遠活著，而且學會永遠和祂同活。

你看到神為要接近我們，承受了多大的痛苦嗎？我們習慣把我們的拯救者殺死，把我們的彌賽亞殺掉。像三一神這樣的一位神，若不藉著十字架就無法與我們相近。三一神是完美而不斷伸展的完全的愛，而眾人皆曉，人類對無盡的愛的慣常反應是自衛性的、自我保護的仇恨。如果我們在這個星期五沒聽見一篇陰沉的講章，是惟有在星期天喜樂的亮光下才顯得合理的，我們就不能永遠與這位三一神同在。

數千年來，我們伸出手來，向上向外要觸及神，當我們想到其中的挫敗——我們試圖要成為自己的神的這嘗試，其實只是應付死亡的妄想，還有我們天真而不肯讓步的那種無知，就是對神想要從我們身上所得到的是甚麼一無所知——啊，那就是為甚麼我們抬頭觀看血迹斑斑的十字架，而稱它「美好」的原因，那就是為甚麼我們齊聲説「為這星期五感謝神」的原因。

註釋

1. 我在拙作 *Conversations with Barth on Preaching* (Nashville, TN: Abingdon, 2006) 中詳細交代了這一點。
2. *Luther's Works*, edited by Jaroslav Pelikan and Helmut T. Lehmann (Philadelphia: Fortress Press, 1958～1972), 42.7～14. 引自 Gerhard O. Forde, *On Being a Theologian of the Cross: Reflections on Luther's Heidelberg Disputation, 1518* (Grand Rapids, MI: Eerdmans, 1997), 7。我對十架神學的概念從 Forde 獲益不淺。
3. Barbara Brown Taylor, "The Perfect Mirror," *The Christian Century* 115, no. 9 (March 18～25, 1998): 283.
4. Jimmy Breslin, "You Can't Eat Honor," *Esquire* (October 1993): 176.
5. 這富色彩的說法來自Robert W. Jenson, *Systematic Theology*, vol. 1 (New

York: Oxford University Press, 1997), 12, 31。

6. *Luther's Works*, 31.53. 引自Forde, *On Being a Theologian*, 82。

經文索引

信念再思叢書　慎思明辨．探求真相

為這星期五感謝神 —— 於現今世代再思十架七言
Thank God It's Friday: Encountering the Seven Last Words from the Cross
韋利蒙（William H. Willimon）著／李金好 譯／HK$63

真的上教會？—— 教會敬拜、事奉與使命的重塑
Why Church Matters: Worship, Ministry and Mission in Practice
約拿單・威爾遜（Jonathan R. Wilson）著／陳永財 譯／HK$68

破碎世界裏的忠心教會 —— 從麥金太爾的《德性之後》學習教會之道
Living Faithfully in a Fragmented World: Lessons for the Church from MacIntyre's After Virtue
約拿單・威爾遜（Jonathan R. Wilson）著／陳永財 譯／HK$48

基督徒的神學思考
How To Think Theologically
霍華德・斯通（Howard W. Stone）、詹姆斯・杜克（James O. Duke）著
陳永財 譯／HK$63

與後現代大師一同上教會
Who's Afraid of Postmodernism?: Taking Derrida, Lyotard, and Foucault to Church
史密斯（James K. A. Smith）著／陳永財 譯／HK$63

心靈在線 —— 現代人於網際空間的信仰省思
The Soul in Cyberspace
古德格（Douglas Groothuis）著／羅燕明 譯／HK$63

基督徒看消費主義
Christ and Consumerism: A Critical Analysis of the Spirit of the Age
巴塞洛繆（Craig Bartholomew）、莫里茨（Thorsten Moritz）著／
陳永財 譯／HK$78

十個關乎神的謊言
Ten Lies About God
呂德夏（Erwin W. Lutzer）著／張光照 譯／HK$83

日光之下 —— 對真誠生活尋索的紀錄
龔立人 著／HK$58

眼淚並未抹乾 —— 一個受苦者的聲音（增修2版）
龔立人 著／HK$68

人算甚麼 ?!
The Measure of a Man
馬丁・路德・金（Martin Luther King, Jr.）著／許立中 譯／HK$35

我有一個夢 —— 馬丁・路德・金小傳
霍玉蓮 著／HK$43

基督徒看錢、性與權勢（合訂本）附閱讀指引
Money, Sex and Power: With Study Guide
傅士德（Richard J. Foster）著／周天和 等譯／HK$93

緊扣時代 服事教會

以文字傳揚基督真道

讀者意見表

衷心多謝你購買本社書籍。本社一直致力以出版事工服事教會，幫助信徒扎根於神的話語，促進靈命增長。為使我們的出版更能滿足你的需要，請填寫下列各項資料，並寄回或傳真予本社。

所購書籍：＿＿＿＿＿＿＿＿＿＿

本書最吸引你的地方：
□作者 □適切性 □文筆 □設計 □實用性
□其他：＿＿＿＿＿＿＿＿＿＿

購買本書地點：
□基道書樓 □基督教書店 □非基督教書店

性別：□男 □女 職業：＿＿＿＿＿＿

信仰：□基督徒 □非基督徒

年齡：□ 16 歲或以下 □ 17～25 歲 □ 26～35 歲
□ 36～55 歲 □ 56 歲或以上

學歷：□中三或以下 □中五 □預科
□大學 □研究院

□我欲更多了解基道出版社的事工及考慮支持，請寄給我下列資料：
□機構簡介 □新書資料 □基道會員通訊
□《基道文字事工通訊》

姓名：＿＿＿＿＿＿＿＿ 電話：＿＿＿＿＿＿

地址：＿＿＿＿＿＿＿＿＿＿

＿＿＿＿＿＿＿＿＿＿

傳真：＿＿＿＿＿＿ 電子郵件：＿＿＿＿＿＿

其他意見：＿＿＿＿＿＿＿＿＿＿

＿＿＿＿＿＿＿＿＿＿

多謝賜教！

意見表可以傳真（2687-0281）或直接郵寄以下地址：
香港沙田火炭坳背灣街26號富騰工業中心1011室
基道出版社編輯部收